U0496796

A LIBRARY OF DOCTORAL DISSERTATIONS IN SOCIAL SCIENCES IN CHINA

共同富裕、基本医疗保险与可持续生计研究

Research on the Common Prosperity, Basic Medical Insurance and Sustainable Livelihood

廖福崇　著

导师　朱春奎

中国社会科学出版社

图书在版编目(CIP)数据

共同富裕、基本医疗保险与可持续生计研究 / 廖福崇著．—北京：中国社会科学出版社，2024.3

(中国社会科学博士论文文库)

ISBN 978－7－5227－3153－7

Ⅰ．①共… Ⅱ．①廖… Ⅲ．①医疗保险—保险制度—研究—中国 Ⅳ．①F842.684

中国国家版本馆 CIP 数据核字(2024)第 041627 号

出 版 人　赵剑英
责任编辑　党旺旺
责任校对　冯英爽
责任印制　李寡寡

出　　版　中国社会科学出版社
社　　址　北京鼓楼西大街甲 158 号
邮　　编　100720
网　　址　http://www.csspw.cn
发 行 部　010－84083685
门 市 部　010－84029450
经　　销　新华书店及其他书店

印　　刷　北京君升印刷有限公司
装　　订　廊坊市广阳区广增装订厂
版　　次　2024 年 3 月第 1 版
印　　次　2024 年 3 月第 1 次印刷

开　　本　710×1000　1/16
印　　张　15
字　　数　265 千字
定　　价　79.00 元

《中国社会科学博士论文文库》编辑委员会

总　　序

在胡绳同志倡导和主持下，中国社会科学院组成编委会，从全国每年毕业并通过答辩的社会科学博士论文中遴选优秀者纳入《中国社会科学博士论文文库》，由中国社会科学出版社正式出版，这项工作已持续了12年。这12年所出版的论文，代表了这一时期中国社会科学各学科博士学位论文水平，较好地实现了本文库编辑出版的初衷。

编辑出版博士文库，既是培养社会科学各学科学术带头人的有效举措，又是一种重要的文化积累，很有意义。在到中国社会科学院之前，我就曾饶有兴趣地看过文库中的部分论文，到社科院以后，也一直关注和支持文库的出版。新旧世纪之交，原编委会主任胡绳同志仙逝，社科院希望我主持文库编委会的工作，我同意了。社会科学博士都是青年社会科学研究人员，青年是国家的未来，青年社科学者是我们社会科学的未来，我们有责任支持他们更快地成长。

每一个时代总有属于它们自己的问题，“问题就是时代的声音”（马克思语）。坚持理论联系实际，注意研究带全局性的战略问题，是我们党的优良传统。我希望包括博士在内的青年社会科学工作者继承和发扬这一优良传统，密切关注、深入研究21世纪初中国面临的重大时代问题。离开了时代性，脱离了社会潮流，社会科学研究的价值就要受到影响。我是鼓励青年人成名成家的，这是党的需要，国家的需要，人民的需要。但问题在于，什么是名呢？名，就是他的价值得到了社会的承认。如果没有得到社会、人民的承认，他的价值又表现在哪里呢？所以说，价值就在于对社会重大问题的回答和解决。一旦回答了时代性的重大问题，就必然会对社会产生巨大而深刻的影响，你也因此而实现了你的价值。在这方面年轻的博士有很大的优势：精力旺盛，思维敏捷，勤于学习，勇于创新。但青年学者要多向老一辈学者学习，博士尤其要很好地向导师学习，在导师的指导下，发挥自己的优势，研究重大问题，就有可能出好的成果，实现自己的价值。过去12年入选文库的论文，也说明了这一点。

什么是当前时代的重大问题呢？综观当今世界，无外乎两种社会制度，一种是资本主义制度，另一种是社会主义制度。所有的世界观问题、政治问题、理论问题都离不开对这两大制度的基本看法。对于社会主义，马克思主义者和资本主义世界的学者都有很多的研究和论述；对于资本主义，马克思主义者和资本主义世界的学者也有过很多研究和论述。面对这些众说纷纭的思潮和学说，我们应该如何认识？从基本倾向看，资本主义国家的学者、政治家论证的是资本主义的合理性和长期存在的“必然性”；中国的马克思主义者，中国的社会科学工作者，当然要向世界、向社会讲清楚，中国坚持走自己的路一定能实现现代化，中华民族一定能通过社会主义来实现全面的振兴。中国的问题只能由中国人用自己的理论来解决，让外国人来解决中国的问题，是行不通的。也许有的同志会说，马克思主义也是外来的。但是，要知道，马克思主义只是在中国化了以后才解决中国的问题的。如果没有马克思主义的普遍原理与中国革命和建设的实际相结合而形成的毛泽东思想、邓小平理论，马克思主义同样不能解决中国的问题。教条主义是不行的，东教条不行，西教条也不行，什么教条都不行。把学问、理论当教条，本身就是反科学的。

在21世纪，人类所面对的最重大的问题仍然是两大制度问题：这两大制度的前途、命运如何？资本主义会如何变化？社会主义怎么发展？中国特色的社会主义怎么发展？中国学者无论是研究资本主义，还是研究社会主义，最终总是要落脚到解决中国的现实与未来问题。我看中国的未来就是如何保持长期的稳定和发展。只要能长期稳定，就能长期发展；只要能长期发展，中国的社会主义现代化就能实现。

什么是21世纪的重大理论问题？我看还是马克思主义的发展问题。我们的理论是为中国的发展服务的，绝不是相反。解决中国问题的关键，取决于我们能否更好地坚持和发展马克思主义，特别是发展马克思主义。不能发展马克思主义也就不能坚持马克思主义。一切不发展的、僵化的东西都是坚持不住的，也不可能坚持住。坚持马克思主义，就是要随着实践，随着社会、经济各方面的发展，不断地发展马克思主义。马克思主义没有穷尽真理，也没有包揽一切答案。它所提供给我们的，更多的是认识世界、改造世界的世界观、方法论、价值观，是立场，是方法。我们必须学会运用科学的世界观来认识社会的发展，在实践中不断地丰富和发展马克思主义，只有发展马克思主义才能真正坚持马克思主义。我们年轻的社会科学博士们要以坚持和发展马克思主义为己任，在这方面多出精品力作。我们将优先出版这种成果。

李铁映

2001年8月8日于北戴河

摘　要

巩固拓展脱贫攻坚成果，推进实现共同富裕，是新时代贫困治理的重要方面。如何通过基本医疗保险制度建设实现持续减贫和推进共同富裕一项重要的政策议题，本文的研究问题是基本医疗保险与贫困程度的关系及其内在机制。这一研究问题可以进一步分解为三个层面：基本医疗保险对贫困程度的影响效应、基本医疗保险减贫的异质性以及基本医疗保险减贫的作用渠道。关于医保减贫的现有研究忽视了生计资本和生计策略等关键变量，缺乏可持续生计的理论视角。本文基于可持续生计理论，提出了基本医疗保险与贫困治理的生计分析框架。以中国家庭追踪调查的数据为基础，本文构建了涵盖家庭和个体两个层级信息的大样本平衡面板数据库。通过使用面板数据层级回归、倾向值匹配因果推断、中介效应分析以及调节效应分析等方法，检验基本医疗保险对于贫困程度的影响及其内在机理。主要研究结论如下：

（1）基本医疗保险具有显著的减贫效应。基于可持续生计理论，本文控制了个体层面的人口学变量、家庭层面的生计资本和生计策略，以及时间和省份的固定效应之后，研究发现参加基本医疗保险对家庭收入具有显著的正向影响。稳健性检验方面，本文使用家庭消费指标替代家庭收入指标，研究发现基本医疗保险对家庭收入的正向影响比较稳健。进一步通过贫困线计算贫困发生率，并以此作为因变量探讨基本医疗保险的减贫效应。基于面板 logit 模型研究发现基本医疗保险对于贫困发生率具有显著的负向影响，即基本医疗保险具有显著的减贫效应。通过替换贫困线进行稳健性检验，研究发现基本医疗保险的减贫效应十分稳健。基本医疗保险参保和家庭贫困程度之间可能存在反向因果的问题，本文通过倾向得分匹配法，构建统计意义上的实验组和对照组。本文以参加基本医疗保险作为实验组，未参加基本医疗保险作为对照组。通过统计方法控制相关协变量之后，研究发现基本医疗保险参保和贫困减少之间存在因果联系，参加基本医疗保险能够显著的降低贫困程度。

（2）基本医疗保险的减贫效应存在异质性。基本医疗保险的减贫效应对于不同的群体呈现出差异化的影响。在年龄分组方面，基本医疗保险的减贫效应对于60岁及以上的老年人更加明显。在城乡家庭分组方面，城镇样本中基本医疗保险的减贫效应要比农村样本明显。在家庭收入分位数分组方面，基本医疗保险的减贫效应对于中低收入家庭而言更加明显。在医保类型分组方面，城镇职工基本医疗保险的减贫效应最显著，其次是城镇居民基本医疗保险。相比较而言，新型农村合作医疗的减贫效应比较微弱。

（3）基本医疗保险的减贫机制在于生计资本和生计策略。通过中介效应模型发现人力资本和金融资本在医保减贫中起到了部分的中介作用。物质资本、自然资本和社会资本的中介效应不显著。从理论上看，这种中介机制表现为在参保群体在罹患疾病并产生医疗费用支出时，基本医疗保险能够有效地减少医药费用支出对于家庭人力资本和金融资本的冲击，从而发挥减贫作用。基于调节效应模型，研究发现生计策略多样化在医保减贫中起到了调节作用。理论上这种调节机制表现为基本医疗保险的保障能够在一定程度上减少家庭的后顾之忧，有助于家庭开展多样化的生产经营活动，进而降低贫困程度。

基于以上研究发现，进一步完善基本医疗保险制度体系建设，推进贫困治理需要加强对基本医疗保险的财政投入，逐步实现基本医疗保险全民覆盖的政策目标。持续推进城乡基本医疗保障制度体系整合，补齐农村基本医疗保险的短板。进一步协调推进医疗保障制度体系建设，充分发挥基本医疗保险制度的减贫作用。

关键词：可持续生计；减贫效应；生计资本；生计策略；基本医疗保险

Abstract

Whether or not the basic medical insurance can reduce poverty is an important policy issue after China has win the absolute poverty alleviation movement. The research question of this paper is whether or not the basic medical insurance can reduce poverty. And this question can be divided into three aspects: first, whether or not the basic medical insurance can influence poverty. Second, the heterogeneity effect between the basic medical insurance and poverty. Third, the internal mechanism between the basic medical insurance and poverty.

Most of existing literature of basic medical insurance poverty reduction effect proposes meaningful conclusion within the context of absolute poverty, while some of them neglecting the livelihood capital and livelihood strategy, which are key variables between the basic medical insurance and poverty reduction. Furthermore, some of these relating researches lacking consist theorical framework. This paper lay foundation on existing literatures, and then contends a sustainable livelihood analytic framework of basic medical insurance and poverty reduction. Based on the data of China Family Panel Studies, this paper constructs a strong balanced panel data with two levels information, which including variables from family level and personal level. This research uses the panel data fixed effect model and random effect model, propensity score matching, moderator effect model and mediated effect model, the main empirical findings could be categorized as follows:

(1) Basic medical insurance could reduce poverty significantly. Based on sustainable livelihood theory, the paper controls demographic variables, family level covariates and time/provincial fixed effect. The panel data fixed effect models show that the basic medical insurance have significant positive effect to family income. This paper uses household consumption to replace family income as robust check, and finds that the positive effect of basic medical insurance is robust. By using poverty line as standard, these sample families can be defined as poverty or not. With panel data logit model, this paper finds that the basic medical insurance has significant negative effect to the poverty. That is to say, the basic medical insurance has significant poverty reduction effect. This paper uses different measurement of poverty, and the poverty reduction effect of basic medical insurance is robust. Furthermore, to access the reverse causality between the basic medical insurance and poverty, this paper constructs propensity score matching (PSM) model, and finds that there exists causality between basic medical insurance and poverty.

(2) The poverty reduction effect of basic medical insurance is heterogeneity. Compared with people who younger than 60 years old, the basic medical insurance's poverty reduction effect are more significant on 60 years old people. Compared with county samples, the basic medical insurance's poverty reduction effect is more significant on urban samples. As for different type of medical insurance, the poverty reduction effect of urban employees basic medical insurance (UEBMI) is more significant than basic medical insurance (URBMI) and new rural cooperative medical scheme (NCMS).

(3) The poverty reduction mechanism of basic medical insurance consists in livelihood capital and livelihood strategy. Based on mediating effect model, this paper finds that the human capital and financial capital

have partial mediating effect between basic medical insurance and poverty reduction. while the mediate effect of physical capital, natural capital and social capital are insignificant. Theoretically, the basic medical insurance can hedge risk caused by getting ill, and then protect family human capital and financial capital. Moreover, the multiple livelihood strategy has moderating effects between basic medical insurance and poverty reduction.

Based on these findings, this paper proposes three policy implications: First of all, central and local governments should devote more financial asset into the basic medical insurance, and finish the goal that all people could have basic medical care insurance. Second, the new rural cooperative medical scheme (NCMS) should be enhanced and the county residents and urban residents should be equal of the medical care. Third, advancing the institution construction of basic medical insurance and developing village at the same time.

Key Words: Sustainable Livelihood; Poverty Reduction; Livelihood Capital; Livelihood Strategy; Basic Medical Insurance

目　　录

Contents

第一章

导　论

第一节　研究背景与意义

通过社会保障体系建设实现持续减贫是公共管理学科的一项重要研究议题。中国共产党领导下的医疗卫生事业发展充分体现了全心全意为人民服务的宗旨和原则（费太安，2021）。医疗保障制度体系建设，对于中国农村地区的脱贫攻坚发挥了重要的作用（杨灿明，2021；黄茂兴、叶琪，2021）。包括基本医疗保险在内的社会保障体系制度建设，是持续减贫的重要政策抓手（申曙光，2021；杨晶、邓大松，2019）。按现行国家农村贫困标准测算，中国的贫困发生率由 2012 年的 10.2% 下降为 2019 年末的 0.6%（李棉管、岳经纶，2020）。在 2019 年，中国减少建档立卡贫困人口 1000 万以上（孙久文、夏添，2019）。截至 2020 年，在全国 832 个贫困县当中，已经有 601 个县完成脱贫摘帽（王延中等，2020）。“十三五”时期，中国基本医疗保障体系建设取得了快速发展。根据国家医疗保障局公布的《医疗保障事业发展统计快报》，2018 年城镇职工医疗保险参保人数为 3.17 亿人，城乡居民医疗保险参保人数为 8.97 亿人。2019 年城镇职工医疗保险参保人数为 3.29 亿人，城乡居民医疗保险参保人数为 10.25 亿人。2020 年城镇职工医疗保险参保人数为 3.44 亿人，城乡居民医疗保险参保人数为 10.17 亿人。进入“十四五”时期，中国的社会保障制度体系面临着诸多挑战和不确定性。2020 年 12 月 16 日，中共中央、国务院发布了《关于实现巩固脱贫攻坚成果同乡村振兴有效衔接的意见》，明确指出“统筹发挥基本医疗保险、大病保险、医疗救助三种保障制度综合梯次减负功能”，强调要通过基本医疗保险制度建设，防止因病返贫现象的发生。《乡村振兴战略规划（2018—2020 年）》中提出，要加强基本医疗保险与医疗救助和大病医保的制度衔接，及时将已经脱贫的居民从医疗救助名单中划出，并将其纳入基本医疗保险的统一保障网络当中，减轻医疗救助的基金压力。通过进一步建立和完善覆盖城乡居民和职工的基本医疗保障体系，中国逐步建立起防范和化解因病致贫和因病返贫的长效机制，逐步实现医保减贫与乡村振兴政策的有效衔接（顾海、吴迪，2021）。

基本医疗保险对于防止因病返贫，持续地减少贫困具有十分重要的意义。健康陷阱会严重影响到家庭的可持续生计能力，从而导致深度贫困。因病致贫指的是由于患病和医疗费用支出导致的贫困现象，根据世界卫生组织的定义，如果个人负担的医疗费用超过家庭人均可支配收入的 50%，则可以定义为因病致贫（关彦等，2021；郭庆、吴忠，2020）。通过贫困家庭数据进行跟踪研究，相关研究发现疾病和健康问题是建档立卡贫困户重要的致贫原因（章文光等，2021）。由此可见，要实现持续减贫需要通过多种类型的公共政策增强家庭的可持续生计能力，防止因病致贫和因病返贫。本书从家庭可持续生计的视角出发，探讨基本医疗保险制度对贫困程度的影响，以及基本医疗保险实现持续减贫的内在机理，对于新时代的贫困治理具有重要的政策意义。

第二节　研究目的与内容

本书拟从微观层面探讨基本医疗保险对于家庭贫困的影响，本书的核心研究问题是基本医疗保险能否降低家庭贫困程度，本研究主要目的包括如下方面。

第一，基本医疗保险如何影响家庭贫困。基本医疗保险参保与家庭贫困减少是否存在相关关系？如果有，这种相关关系是否在因果层面具有意义？为了回答这个问题，以中国家庭追踪调查数据为基础，本书构建了个体和家庭嵌套的大样本平衡面板数据，通过面板数据层级回归、倾向值匹配因果推断以及中介和调节效应检验等计量方法，探讨基本医疗保险如何影响家庭贫困。

第二，基本医疗保险的减贫效应的异质性分析。不同类型的基本医疗保险在筹资渠道、报销比例以及保障效果等方面存在较大的差异，因此其对家庭贫困的影响也可能存在较大的差异。除此之外，城乡之间的差异以及不同家庭结构的差异，也是需要考量的内容。因此在探讨基本医疗保险的减贫效应时，需要对异质性影响进行分析。

第三，基本医疗保险影响贫困程度的作用渠道和影响机制。在可持续生计的理论框架下，生计资本和生计策略等因素会影响到家庭贫困状况。因此，本书主要从生计资本和生计策略的角度，应用中介效应和调节效应模型，分析基本医疗保险制度影响贫困作用的作用渠道和影响机制。

基于家庭可持续生计的理论框架，围绕着基本医疗保险影响贫困程度的核心问题，本书的主要内容有以下几点。

第一，贫困治理和可持续生计减贫的理论探讨。本书以贫困程度作为因变量，从经济发展减贫、产业开发减贫和社会保障减贫三个角度总结贫困治理的相关研究。在此基础上，进一步聚焦到可持续生计与贫困治理的研究议题。论文基于文献梳理，对不同理论要素之间的关系和影响进行理论讨论，以期更加全面地理解贫困治理的不同方面，以及可持续生计减贫的内在机理。

第二，基本医疗保险减贫的理论探讨。本书聚焦于基本医疗保险对贫困程度的影响，总结了中国健康扶贫工程的相关内容。进一步从防止因病致贫和因病返贫的角度分析基本医疗保险的减贫作用。

第三，理论分析框架构建与贫困程度的测量。一方面，本书以家庭可持续生计理论为基础，提出了基本医疗保险减贫的生计分析框架，在家庭可持续生计的一致性理论框架中，分析是否参加医疗保险和医疗保险的不同类型对于家庭贫困状况的影响。另一方面，本书分别从家庭收入、家庭消费和贫困发生率三个维度，通过从不同角度切入，能够比较全面地衡量家庭贫困状况。

第四，基本医疗保险影响家庭贫困的实证检验与机制分析。本书以中国家庭追踪调查为基础，构建了一个涵盖家庭和个体两个层次信息的大样本强平衡面板数据库。从可持续生计的理论视角出发，通过采用描述性统计分析、面板数据层级回归、中介效应模型和调节效应模型检验以及倾向值匹配因果推断等方法，分析基本医疗保险对于贫困程度的影响效应和内在机理。

第三节　研究思路与篇章结构

本书按照确定研究问题、梳理相关文献、提出概念模型和研究假设、基于数据进行统计建模、实证分析和结果讨论，最后总结主要发现和提出对策建议的思路展开，关于本书的研究思路和技术路线，参见图 1－1。

第一，确定研究问题。基本医疗保险制度建设对于持续减贫问题具有十分重要的意义。因此，本书基于可持续生计的理论框架，探讨基本医疗保险对于贫困状况的影响。第二，进行文献综述和理论探讨。本书从贫困的影响因素研究、可持续生计与贫困治理，以及基本医疗保险与贫困治理三个角度梳理了相关研究，并进行理论述评。第三，提出本书的概念模型、理论分析框架和研究假设。在前述文献回顾和理论探讨的基础上，提出了本书的概念模型和理论分析框架，并进一步提出了相关的研究假设。第四，基于具有全国代表性的面板数据，对基本医疗保险如何影响贫困状况进行实证检验和分析。以可持续生计理论为基础，分析基本医疗保险与贫困状

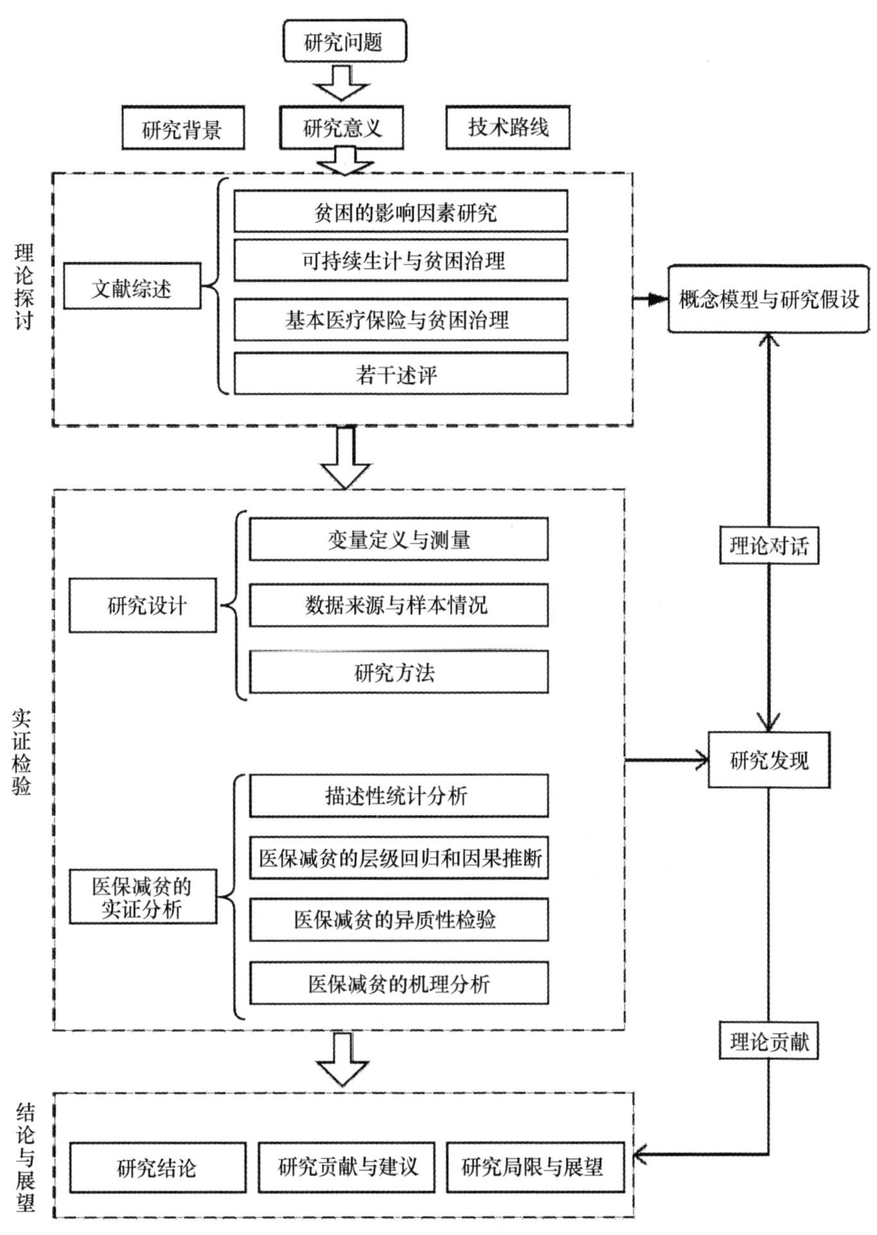

图1－1　本书的技术路线

资料来源：笔者绘制。

况之间的相关关系，进一步通过因果推断的方法，分析两者之间的因果联系和作用机理。第五，总结相关研究发现，提出政策建议。在本书研究发现的基础上，同时和现有相关理论进行对话，分析研究贡献和研究局限。最后从基本医疗保险制度建设和持续减贫的角度，提出相应的对策建议。

按照前文所述研究技术路线，本书一共由六章组成，具体的结构安排如下。

第一章，导论，主要介绍研究的选题背景和意义、研究目的与内容以及研究思路和篇章结构的安排。

第二章，文献回顾与理论述评。主要从贫困的影响因素、可持续生计与贫困治理以及基本医疗保险与贫困治理三个角度梳理相关文献。

第三章，理论框架与研究假设。基于可持续生计的一致性框架，分别从基本医疗保险制度的减贫效应、异质性影响和作用机理三个角度，构建概念模型，提出研究假设。

第四章，研究设计。主要包括变量测量、数据库情况、抽样设计和样本描述等内容，并进一步阐述了本书所使用的研究方法。

第五章，实证分析与结果讨论。详细阐释了基于中国家庭追踪调查数据获取成人面板数据和家庭面板数据的处理过程，并进一步介绍了相关样本的分布情况，并对基本医疗保险、生计资本和生计策略，以及贫困状况等变量进行了描述性统计分析。从基本医疗保险的层级回归和因果推断、异质性分析以及减贫机理三个方面构建了数据量化模型，分析基本医疗保险如何影响贫困程度。

第六章，结论和展望。总结本书的主要研究发现，针对性地提出基本医疗保险减少贫困程度的政策建议。总结本书在变量测量、模型构建和理论解释等方面存在的缺陷，并对进一步的研究做出展望。

第二章

文献回顾与理论述评

本章主要从贫困的影响因素、可持续生计与贫困治理和基本医疗保险与贫困治理三个角度，对现有相关研究进行分析和述评。

第一节　贫困的影响因素研究

关于贫困治理的研究卷帙浩繁，文献回顾要找到一个涵盖不同减贫研究的分类标准和分析框架极具挑战性。本书主要以贫困程度作为结果变量，总结现有研究提出的减贫路径。因此，本书主要从宏观和中观制度安排的视角出发，以政策实施着力点的不同作为分类标准，将现有关于减贫的研究分为经济增长减贫路径、产业发展减贫路径以及社会保障减贫路径三种。

一　经济增长与贫困减少

经济增长通过涓滴效应实现减贫是经济学贫困研究的一个重要观点。“涓滴效应”指的是由于社会整体的经济发展和收入增加，贫困现象自然而然地减少甚至消除（Besley & Burgess，2003；Dollar & Kraay，2002）。如果从这种观点出发，政府等公共部门不需要专门开展扶贫工作，只需要不断地推动经济发展，贫困问题会逐渐在发展的过程中自动解决（Ravallion & Chen，2003）。实际上，经济发展通过涓滴效应减少贫困的理论思想可以追溯到新自由主义经济学。亚当·斯密等自由主义经济思想的代表人物认为，贫困问题政府不应该过多插手。通过经济增长和国民财富的整体性提高，贫困问题会在发展的过程中得到妥善的解决（Gachassin et al.，2010）。事实上，在自由主义经济学的理论框架中，贫困问题更多的是个体和家庭的问题，而不是社会问题和政策问题（黎蔺娴、边恕，2021；燕继荣，2020）。换言之，在早期的自由主义经济学流派中，大部分观点认为贫困人口的产生更多的是自身因素造成的，因此国家和政府对贫困问题实际上不需要干预过多（李永友等，2007；刘穷志，2007；Estache et al.，2004）。国民财富的整体性增长一直被认为是解决贫困问题的根本出路，也有大量的实证研究证明了经济发展与贫困减少之间的正相关关系。比如 Ravallion 等（1996）从经济增长的贫困弹性出发，论证了经济增长降低贫困的作用。

与此相反，部分研究认为经济增长带来的涓滴效应并不能实现减贫，收入分配机制才是关键所在。经济增加减贫假说实际上忽视了两个重要问题，一是收入分配制度，二是贫困产生的制度根源。从收入分配的角度出发，在市场经济中处于优势地位的社会群体和组织，往往在经济发展中的收益更大（罗良清、平卫英，2020）。如果经济增长忽视了收入的公平分配，将会造成富者越富、穷者越穷的恶性循环（蔡昉，2017；周绍杰等，2019）。在西方代议制的政府结构当中，社会富裕阶层可以通过各种手段影响到议会投票和政策走向。如果中央政府不能从长远均衡发展的角度适当地改革收入分配制度，那么假以时日社会将会分化为极端富裕阶层和极端贫困阶层，进而威胁到社会稳定。相关研究明确指出，在经济发展的过程中形成合理的收入分配格局对于减少贫困至关重要（马光荣等，2016；章文光等，2021）。从贫困产生的制度根源出发，贫困家庭之所以陷入贫困，制度的因素不容忽视。致贫原因是一个复杂的研究议题，除了贫困家庭本身的因素，由公共政策产生的发展机会不均等、教育资源分配不均，以及医疗卫生服务的不平衡供给等因素都会产生贫困（王春城，2021）。

发展中国家和发达国家的实际情况，逐渐证明了经济增长的减贫假说存在缺陷。从发展中国家的减贫实践来看，经济增长减贫假说受到了诸多的挑战。巴西等国家在经济持续快速增长后，贫困问题非但没有自动解决，反而愈加严重（Bibi，2005；De Sherbinin et al.，2008）。贫困家庭能够获取的医疗卫生服务和公共教育服务匮乏，由此导致了社会两极分化和极端贫困问题的产生，在一定程度上甚至影响到了社会稳定和经济发展（燕继荣，2020；朱梦冰、李实，2017）。对于发达国家而言，贫困问题同样没有在经济增长的过程中得到解决。实际上，早期社会保障体系的建立很大程度上是政府意识到了经济增长的涓滴效应并不能直接惠及穷人，因此需要从宏观制度安排和社会保障体系建设的监督进行适当的干预（程名望等，2014）。正是从这一角度出发，西方发达国家逐步建立和完善了种类多样的公共转移支付项目，其中社会保障体系是重要的一环（解垩，2017；马光荣等，2016）。事实上，学术界逐渐意识到经济增长对于不同的社会阶层会有不同的效应，忽视阶层差异而片面地强调经济增长减贫会带来严重的社会不平等问题（罗楚亮，2012；汪三贵，2008；郭熙保、罗知，2008）。

二　产业开发与贫困减少

产业开发能够有效地提升贫困家庭的收入能力，实现贫困减少的目标。以市场为导向的产业开发扶贫，在提升家庭收入和减少贫困方面发挥了重要的作用（叶敬忠、贺聪志，2019）。产业扶贫开发主要包括以下两个层面的含义。

一是产业投资和生产链的建设。政府通过财政投入提升配套基础设施质量，通过税收等优惠政策，引导公司和企业对贫困地区进行产业投资，是中国产业开发扶贫的一种主要的运作形式。一般意义上，生产链的落地能够提供大量的就业岗位，对于吸纳贫困人口和农村劳动力就业具有十分重要的作用（李晓燕，2021；王志刚等，2021）。这其中，“扶贫车间”是一种典型的产业开发扶贫形态。“扶贫车间”指的是在政府政策的引导下，公司设立针对建档立卡贫困户提供一定的就业岗位，设立专门的贫困户生产车间（吕普生，2021；陈天祥、魏国华，2021）。政府部门在贷款和税收等方面提供公司优惠政策，产业企业为贫困人口提供一定数量的就业岗位（Chase & Walke，2013）。扶贫车间以帮助贫困人口实现脱贫为目标（王胜等，2021），在提升困难群体收入方面起到了重要的正面作用。

二是贫困人口技能培训和就业能力提升。针对贫困户的就业技能培训和劳动能力提升是产业扶贫的另一个重要的方面。在贫困地区投资建厂的企业本质上是市场经济体系中以营利为目的的实体，这与扶贫的慈善机构有显著的区别（斯晓夫等，2021；Chen et al.，2017）。因此，在产业开发扶贫过程中，通过各种手段和方式提供贫困家庭的就业能力和劳动技能就显得十分重要。比如在农业生产相关的产业扶贫中，地方政府组织专业人员，对具有劳动能力的贫困人口开展农业技能培训，提升农业劳动生产服务能力。在少数民族地区的产业扶贫开发当中，地方政府组织开展特色旅游业相关的就业技能培训，有助于民族地区贫困家庭实现脱贫（郭咏琳、周延风，2021）。

产业扶贫开发的组织形式也是影响减贫效应发挥的重要方面。如何最大限度地发挥政府、市场和贫困家庭的能动性和创造性，是实现产业扶贫开发减贫的一个重要议题（谢岳，2020；燕继荣，2020）。政府的主要目标是降低整个地区的贫困程度，市场中的企业是以利润最大化为目标，贫困家庭希望最大限度地提升家庭收入水平（Cohen，2010；Datt，2019）。如何在产业扶贫开发中找到政府、市场企业和贫困家庭的“最大公约数”，是影响扶贫开发绩效的核心因素（白浩然等，2020）。产业开发减贫的组织形式主要有三种类型，具体如下。

第一，以企业为核心的产业开发减贫模式。以龙头企业公司为核心，政府在税收和贷款等方面提供一定的优惠政策，是以企业为核心的产业开发减贫的主要特点。市场主体以营利性为目的，在政府税收和贷款等优惠政策的引导下，在贫困地区投资建厂开展生产经营活动。对于贫困地区来说，新增的产业链能够带来大量的就业岗位，十分有利于当地贫困家庭和非贫困家庭的就业（刘焕、秦鹏，2020；程名望等，2014）。以企业为核心的产业开发减贫模式能够产生比较显著的经济绩效，主要是因为企业对于市场需求十分敏感，能够有效地对接产品需求，针对性地调整生产经营计划（陈宗胜等，2013；贾俊雪等，2017）。对于贫困家庭而言，一方面，可能在扶贫工厂获得一份工作，有效提升了家庭收入能力。另一方面，农村的贫困家庭可以通过土地流转的方式获得一定的额外受益。贫困村以集体土地入股的形式参与到企业主导的扶贫开发当中，按照约定参与到分红体制当中。村集体再通过一定的形式将利润和资金反馈给贫困家庭，在一定程度上能够提升贫困家庭收入，实现减贫的目标（张明皓，2020）。需要指出的是，这种以企业为核心的产业开发减贫模式也存在一定的问题，主要体现在龙头企业获取大部分产生经营利润，贫困人口从中获益十分有限。除此之外，公司和企业对市场信息高度敏感，而政府等监管部门掌握的市场信息则十分有限，由此带来了信息的不对称（朱梦冰、李实，2017；周绍杰等，2019）。基于这种信息不对称，扶贫企业容易攫取大部分经营利润，甚至发生骗取税收和贷款优惠的现象。这种产业扶贫开发的模式实际上是脱嵌于地方党委和政府的监管，在个别情况下贫困家庭被排除在利润分享体制之外，主导的企业反而获取了大量的生产经营利润，反而扩大了贫富差距（王祖祥等，2009；朱梦冰、李实，2017）。

第二，政府主导产业开发减贫模式。政府深度参与产业建设的主要环节，以项目制的形式进行产业开发减贫，是政府主导产业扶贫模型的核心特征。项目制是以中央财政扶贫转移资金为基础，依据贫困地区的资源禀赋特征因地制宜地开展产业开发扶贫工作。比如特色养殖业、特色农产品种植、家庭手工业等具体的类型。政府主导的项目制产业扶贫开发是一种“自上而下”的运作方式，建档立卡贫困户能够直接从中受益，防止了企业主导模式中贫困户难以受益的潜在弊端（王志刚等，2021；于滨铜等，2021）。产业扶贫项目能够精准定位贫困人口，对于实现贫困家庭的脱贫具有十分显著的作用（谢伏瞻，2020；燕继荣，2020）。但是，政府主导的产业开发扶贫在取得良好减贫效果的同时，也存在一定的问题。由于产业扶贫项目是由政府选定的，因此在一定程度上容易脱离市场的实际需要，造成项目经济效益较差，市场主体的参与热情不高（朱梦冰、李实，2017）。除此之外，扶贫开发产业项目容易受到市场波动的影响，而政府作为公共部门难以针对性地制定应对措施，容易造成项目资金的低效使用甚至浪费。

第三，混合型产业开发减贫模式。该模式的主要特点，是企业和政府的深度合作。政府通过将专项扶贫资金直接投资给扶贫开发企业和公司，主要是具有一定产业规模和资金技术能力的国有企业和大型民营企业。由企业负责资金的具体使用和管理，政府进行监督。企业需要对贫困户进行就业吸纳，同时在公共基础设施建设、年度分红和特困户帮扶等方面做出一定的贡献。这种混合型的产业开发扶贫模型可以概括为“政府 + 公司 + 大户”（贾俊雪等，2017；于滨铜等，2021）。混合型产业减贫模式具有以下三点优势：首先，扶贫专项资金能够得到有效的利用。扶贫企业作为市场主体，对市场需求和市场风险有更加准确的判断。相对而言，能够更加高效地组织生产经营和销售的各个环节，因此能够有效提升扶贫资金的利用效率。其次，混合型产业开发减贫模式能够有效降低交易成本。无论是政府主导的项目制，还是以企业为核心的扶贫产业投资，在土地流转、投资经营、项目遴选以及利润分享等方面均会产生显著的交易成本（叶敬忠、贺聪志，2019；陈宗胜等，2013）。通过政府企业和“大户”的深度合作，混合型产业开发减贫模式在一定程度上能够降低制度性交易成本。最后，提升扶贫产业的抗风险能力，有利于持续减贫和长远发展。一般而言，地方政府的产业扶贫开发资金会投资给大型国有企业和具有一定规模的民营企业。负责产业开发实施的企业具有较大的规模和技术能力，能够有效地抵御市场风险。

产业开发减贫有许多典型案例，其中电商扶贫和旅游扶贫取得了良好的示范性效应。首先，对于电商扶贫而言，中国电子商务体系和物流网络的蓬勃发展为电商扶贫开发提供了充分的可能性。一方面，电子商务体系已经相对比较成熟，企业和消费者已经接受了这种新型的消费模式和经济形态。互联网平台已经深度融入市场经济活动中，广大消费者已经完全接受了互联网经济的不同形态和实现方式。因此对于贫困地区开展电子商务产业而言，市场体系的障碍已经完全消除（王志刚等，2021）。另一方面，物流体系的发展使得贫困地区的特色产品销售有了实现的可能。贫困地区大部分位于交通不便的偏远地区，比如集中连片特殊困难地区的交通通达性差，运输成本相对较高。但是经过互联网经济的牵引和投资，中国的城乡物流体系已经比较完善。整个物流产业规模的发展，直接降低了运输费用和物流成本，给贫困地区发展电子商务、销售特色产品带来了难得的契机（宋扬、赵君，2015）。相关研究发现，贫困地区的“淘宝村”不仅使得本村人口实现了脱贫，对于周边乡村具有良好的带动作用，而且对于地方的经济发展也发挥了重要的牵引作用（斯晓夫等，2020；平卫英等，2021）。以特色农产品和特色手工业为主的贫困地区电子商务发展，资金和技术门槛相对较低，有利于普通贫困家庭深度参与。

其次，对于旅游产业扶贫而言，充分利用贫困地区的自然资源禀赋进行旅游扶贫开发，是实现绿色减贫的一项重要路径。集中连片特殊困难地区的旅游资源丰富，自然景观保护完整且独具特色，适当地进行旅游开发不仅能够促进绿色减贫，对于地区的经济发展也能够产生正面作用。比如民族贫困地区的特色民族文化旅游开发、乡村“农家乐”、特色小镇等诸多形式多样的旅游扶贫项目，不仅提升了当地贫困家庭的收入，还能够辐射带动周边贫困地区的相关产业（吕普生，2021；贾俊雪等，2017；丁建彪，2020）。旅游产业的发展，能够带动当地和周边地区的餐饮服务、交通运输和酒店住宿等周边产业的发展，为贫困地区创造更多的就业岗位和就业机会。

三 社会保障与贫困减少

从宏观层面看，财政转移支付能够有效地减少贫困。在经济增长减贫假说不断受到质疑的情况下，公共财政转移支付作为一项减贫的工具逐渐受到越来越多的关注。学术界的相关研究证明，财政转移性支付能够起到一定的减贫作用。结合中国财政转移性支付的具体情况，相关研究从宏观制度层面测算了政府转移性支付的减贫效果（刘穷志，2007；卢洪友等，2011）。从降低贫困发生率的角度看，公共转移性支付要重点关注中西部地区（解垩，2017）。从公共转移性支付受益的角度，相关研究测算发现政府财政转移支付能够推动基尼系数降低3%，在推动收入公平方面具有显著的效应（顾昕，2010）。

从中观层面看，作为公共转移支付具体形态的社会保障制度，同样具有显著的减贫效应。农村最低生活保障制度、基本养老保险制度以及基本医疗保险制度等的减贫效应得到了诸多研究的支持。首先，农村最低生活保障制度具有一定的减贫效应。在实际的政策运行方面，身体残疾、智力缺陷、单亲家庭、孤寡老人以及丧失劳动能力等群体均纳入了最低生活保障兜底的政策范围。在推进脱贫攻坚的过程中，地方政府同时也将农村低保家庭纳入建档立卡贫困户的范畴（Han et al.，2017）。农村地区的上述贫困人口实际上能够得到财政兜底的基本生活保障。实际上，农村最低生活保障制度的减贫效应还存在显著的异质性，体现为对不同的低保群体呈现出差异化的减贫效应（韩华为、徐月宾，2014）。相关研究基于大样本的家庭调查数据研究指出，农村最低生活保障制度对于极低收入家庭的减贫效应十分显著（韩华为、高琴，2018）。农村最低生活保障制度不仅仅影响家庭消费的总体水平，也会对家庭消费结构产生实质性的影响（Golan et al.，2017）。从长远发展的角度看，农村最低生活保障制度能够间接地影响到低保家庭的教育和健康投入（王弟海，2012）。

其次，基本养老保险能够产生较为明显的减贫效应。尤其是到了劳动能力低但医药费用支出较高的老年阶段，对于养老金的需求十分迫切。对于任何社会个体来说，需要处理好不同的生命周期中收入能力和消费需求的平衡。从宏观制度安排的角度看，通过基本养老保险制度保障老年人具有一定的收入来源，对于防止老年人陷入贫困具有十分重要的意义（仇叶、贺雪峰，2017；Chen et al.，2017）。事实上，关于基本养老保险减贫的研究大部分是围绕着养老金对于老年人收入和消费的影响进行的。比如相关研究指出，基本医疗保险对于家庭储蓄具有显著的替代效应，即基本养老保险制度能够在一定程度上降低参保人群的后顾之忧（马超等，2017）。马光荣等（2014）针对农村地区的研究发现，由于农村地区老年人长期依靠家庭内部子女的收入转移来获取养老金，因此这类群体参加基本养老保险的积极性十分有限。由此导致了理论上基本养老保险制度能够具有财富替代和降低家庭储蓄的功能，但是实际上并不能实现（丁建彪，2020）。除此之外，相关研究从老年人致贫原因的角度论证了基本养老保险减贫的作用机制。老年人的致贫原因主要是劳动能力低、收入匮乏以及医药费用支出较大（王弟海等，2008；徐月宾等，2007）。基本医疗保险能够跨生命周期，为参保群体在进入老年阶段提供一定的收入来源，因此具有较为显著的减贫效应。张川川等（2015）通过全国的老年人口调查数据研究发现，基本养老金收入提高了家庭的消费水平，能够发挥较为显著的减贫效应。

最后，基本医疗保险的减贫效应存在一定的争议。有较多研究认为基本医疗保险能够显著地降低贫困。相关研究认为医疗保险提升了参保群体的健康人力资本水平，有利于家庭增收和减贫（臧文斌等，2012；张鑫、赵苑达，2020）。家庭劳动成员患病将直接影响家庭的生计活动，导致其生产效率下降，进而影响到家庭整体的创收能力和福利水平。基本医疗保险有利于提升家庭健康和人力资本水平，通过家庭劳动力的生产活动实现减贫（刘欢，2017；梁土坤，2017；Meng et al.，2015）。人力资本是生计资本的重要内容之一，家庭劳动人口的数量和健康水平直接影响着家庭通过人力资本创造收入和提升福利的能力。农村医疗保险制度具有增收和减贫效果，其中的一条作用机制就和健康人力资本密切相关。从社会保险影响人力资本的角度论证了基本医疗保险的减贫效应（封进、李珍珍，2009）。家庭成员罹患疾病会带来一系列的连锁反应，对于家庭消费和支出带来多种形式的影响（Wang et al.，2009；李静，2019）。在家庭的生计决策中，人力资本是一个十分重要的因素，任何生计活动的开展都离不开劳动力的投入（陈成文，2017；陈静思，2016；Yu et al.，2020）。因此从这个角度看，包括基本医疗保险在内的社会保险制度能够有效地促进贫困家庭的人力资本积累和收入增长，发挥减贫效应。除此之外，医疗保险能够在发生医疗费用的时候，按照既定的政策规定，直接减少参保居民自付医药费用的比例，降低了医药费用支出。基本医疗保险能够覆盖一部分治疗费用，减少了对家庭其他消费的挤压，有利于家庭长远的可持续生计发展。针对新型农村合作医疗的研究发现，中老年群体的参保意愿非常高，主要原因在于其医药费用支出的总额也较大，医保报销能够有效降低自付的医药费用总额（方迎风、周辰雨，2020；Fan et al.，2021；Lei & Lin，2009）。

与此相反，认为基本医疗不具有减贫效应的相关研究主要是从保障水平有限的角度展开。基本医疗保险制度通过财政投入和个人缴费，建设成个人使用的资金蓄水池（熊景维等，2021）。对于经济发达地区而言，政府财政实力雄厚，因此财政统筹账户的缴费比例高，资金充足。相比较而言，对于中西部地区，基本医疗保险财政账户的资金比较有限，整体的报销覆盖范围和报销水平都十分有限，造成了难以发挥有效的保障作用（徐俪筝等，2019；Chen et al.，2017）。针对中国新型农村合作医疗制度的研究发现，由于财政补贴的比例过低，加上农户经常使用的慢性病门诊等非住院医药费用无法使用医保资金，导致农户参保的积极性普遍不高，基本上不存在减贫效应（Dou et al.，2018；Yang et al.，2018）。此外，对于因病致贫的家庭，高频的医疗费用支出主要是对于慢性病的日常治疗和医药费用，而新型农村合作医疗基金仅仅在发生住院费用时才能够报销，因此减贫效应难以发挥（Zeng et al.，2019；Wang et al.，2012；You & Kobayashi，2009）。

需要特别指出的是，由于上述文献回顾主要是从宏观和中观层面的政策着力点展开，精准扶贫作为一种具体的扶贫工作手段，暂不在本书文献综述的讨论范畴。

第二节　家庭可持续生计研究

一　基于生计资本的减贫研究

生计资本是理解家庭贫困的重要概念。生计资本是指居民发展生计能力和各类资产要素（李树茁等，2021；Koczberski & Curry，2005；Christabelle et al.，2017；Martin & Lorenzen，2016）。以生计资本作为核心要素，围绕着生计资本与贫困的关系，相关研究从不同的方面做出了诸多有益的探索。比如在Chamber等（1991）指出家庭生计由人、有形资本和无形资本组成，生计资本的状况影响生计活动和生计能力，最终影响到家庭贫困状况。家庭成员是整个生计活动的重要组成部分，有形资本包括物质方面的存储，比如耕地、林地和草地等自然资源、农用机械和牲畜、家庭储蓄和存款以及首饰珠宝等具有一定价值的物质总和。无形资本主要指的是可及性，比如获取信息、获得收入以及获得工作机会的能力。实际上Chamber和Conway提出的生计活动和生计能力的概念产生了广泛的影响，在此基础上后续研究逐渐发展出了可持续生计理论框架（汤青，2015）。Bebbington（1999）以生计资本为核心，提出了一个资源可及性和家庭贫困的分析框架。区别于 Chamber 等（1991）关于家庭生计的定义，该框架通过资源可及性的概念将生计资本与家庭贫困联系在一起。在 Bebbington（1999）理论框架中，生计资本是理解家庭贫困的核心要素，不同类型的生计资本可以相互利用和转换的。对于任何家庭而言，都存在资源可及性的问题，如果家庭成员能够很好地利用不同类型的生计资本开展生计活动，则不容易陷入贫困。

从贫困脆弱性和抗风险能力的视角，相关研究进一步发展了生计韧性的理论。生计韧性（livelihood resilience）家庭以生计资本的存量为基础，对外来风险冲击的应对能力（Li et al.，2020；Quandt，2018；Liu et al.，2018；Sina et al.，2019a）。实际上，生计韧性和脆弱性背景是息息相关的。相关研究在探讨生计韧性时，主要是从脆弱性背景下风险冲击的视角展开。生计韧性表现了以生计资本为依托对抗风险的生计过程，主要有三个方面的内涵：第一，抗风险能力（buffer capacity）。依托自然资本能够进行基本的生产活动，满足最基本的生活需要（Quandt，2018；Thulstrup，2015）。家庭所拥有的住房资源，也是重要的生计资本基础，房屋的面积和房屋的结构是两项重要的因素。一般意义上，砖混结构的房屋比土坯房有更强的抵御风险冲击的能力（Liu et al.，2018）。家庭储蓄作为金融资本的主要组成部分，对于家庭地域风险冲击具有十分显著的意义。此外，在遭遇外来冲击时能够获得资金来源的渠道是否多样，也是生计韧性的重要指标（Thulstrup，2015；Speranza et al.，2014）。人力资本具有非常强的延展性和使用的灵活性，因此家庭成员的健康程度也是生计抗风险能力的重要方面（Sina et al.，2019）。第二，自我组织能力（self - organization）。对于应对外来风险冲击事项而言，自我注资能力至关重要，是生计韧性的重要方面。在具体的测量方面，主要包括亲朋好友的数量、对他人的信任程度、是否参加专业协会以及社会网络的支持程度等指标（Liu et al.，2018；Guerry et al.，2015；Kareiva et al.，2015）。第三，学习能力（the capacity for learning）。学习能力主要体现在是否参加技能培训、公共教育资源的可获得性、工作经历的丰富程度以及对教育的家庭投资等方面（Guo et al.，2019）。

生计资本对于贫困状况能够产生重要的影响，学术界围绕生计资本的减贫作用积累了丰富的成果。生计资本是家庭生计活动的基础，能够对生计策略和生计结果产生显著的影响（李树茁等，2021；李聪等，2019）。本书从生计资本减贫的角度出发，将现有研究分为以下五种类型。

1. 金融资本减贫

金融资本主要包括家庭收入水平、收入的多样化程度、家庭负债程度、金融贷款服务的可获得性、家庭储蓄额度和退休金等等方面。实际上，贫困状况的家庭往往缺乏相应的金融资本储备，由于无法提供担保，因此也无法获得金融机构的贷款帮助（汤青，2015）。从这一点出发，一些国际组织和银行推出了针对贫困家庭的免抵押低息小额贷款，以期通过改善家庭金融资本储备的方式推动其实现脱贫（Yadira et al.，2012；Preiser et al.，2018）。

金融资本减贫的相关研究，主要是从提升家庭的金融资本使用效率的角度展开。比如针对具有劳动能力的贫困家庭发放免抵押的政策性免息贷款，鼓励其从事生产经营活动（孙玉栋、李浩任，2021）。小额信贷对于贫困家庭的脱贫能够发挥较为显著的作用，但是仅仅限于具有劳动能力的家庭。对于无劳动能力或者劳动能力弱的家庭，小额信贷无法发挥减贫作用（何燕、李静，2021；方舒、王艺霏，2021）。除此之外，地方政府在贫困地区开展的普惠式金融服务，也能够取得一定的减贫效果。如果金融服务能够与产业发展和生计多样化相互结合，将能够产生十分显著的减贫效应（黄志刚等，2021）。

2. 社会资本减贫

社会资本主要是和人际关系网络联系在一起，主要的测量指标有春节期间拜年的亲朋数量、能够借钱的亲朋数量、亲人朋友聚餐的频率、是否参加行业专业协会以及家庭成员当中是否有退伍军人和村干部等。在中国的文化场景下，春节期间拜年的亲朋好友数量以及能够借钱的亲朋数量是社会资本的主要测量指标（边燕杰等，2018）。参加行业协会等组织体现了个体的专业化水平，能够在一定程度上测量到个体的社会资本状况（李树茁等，2021）。此外，在中国农村地区，退伍军人和村干部是基层治理的重要人员，这些群体的社会资本水平较高（李聪等，2014）。家庭生计要实现多样化和可持续性，要充分利用社会资本的财富效应，减少对于自然资本和物质资本等的依赖（Lynne et al.，2015；Guerry et al.，2015）。但是关于社会资本是否具有减贫效应这一研究议题，相关研究得出了两个截然不同的结论。

部分研究认为，社会资本具有减贫效应，其核心论点在于社会资本能够提供额外的信息和社会连接，对于求职就业和提升抗风险能力具有显著的正向效果，因此能够有效地发挥减贫作用。社会资本减贫作用的发挥，具体体现在两个方面：一是社会资本带来信息，促进贫困家庭生计多样化。中国农村家庭的社会资本，主要表现为基于同乡、同族和同姓等要素形成的社会联系（彭文慧、王动，2020）。在外出务工群体中的老乡会、同学会等非正式组织，能够提供非农的就业务工机会。外出务工促进了贫困家庭的生计多样化，获得的收入和报酬在家庭内部形成转移，进而实现贫困家庭的脱贫（Su F & Saikia，2018）。二是社会资本促成社会连接，通过互帮互助降低贫困脆弱性（Sina et al.，2019）。基于社会基本形成的专业性协会、互助组织和农村生产合作社等，有利于贫困家庭形成生计联合体提升抗风险能力，有效降低贫困脆弱性，进而实现减贫的目标（陈思等，2021；Van Rijn & Burger，2012）。合作参与和互助组织旨在通过提高困难家庭的组织化程度，提升其生计能力和抗风险能力（李小云等，2007；罗明忠等，2021；李聪、王磊，2020）。社会网络的扩大和社会信任的增强实际上是相互强化的关系，基于血缘、地缘和学缘等要素形成的社会网络连接能够增强成员之间的相互信任。成员之间信任的强化，能够有效地降低经济生产活动的制度性交易成本，对于开展合作经营和产业扶贫开发具有十分显著的正面意义。实际上，社会网络的扩大以及社会信任的增强形成交互作用，共同塑造并强化了社会资本积累，有效地降低了贫困程度。罗明忠等（2021）提出了一个社会资本减少贫困的作用机制框架，认为社会资本能够扩大社会网络，增强社会信任，最终实现减贫。

与此相反，部分学者认为社会资本无法发挥减贫效应，社会资本具有自我强化的特征（何仁伟等，2017；Woyesa & Kumar，2021），实际上贫困家庭的社会资本极为有限，因此无法发挥减贫效应。贫困家庭往往是缺乏社会资本的，因此社会资本在特定情境下发挥的减贫作用十分有限（谢家智、姚领，2021；Wu et al.，2019）。除此之外，相关研究从群体同质性的视角论证了贫困家庭之间的社会资本难以发挥减贫效应。物以类聚，人以群分，与贫困家庭产生较多社会联系的群体，大概率也是贫困家庭。这种贫困的聚集使得社会资本很难发挥强化社会网络和增强社会信任的功能（周晔馨，2012）。从这层意义上看，社会资本是无法发挥减贫效应的。

3. 人力资本减贫

人力资本是指整个生计过程中和人口资源密切相关的要素，主要包括家庭成员受教育程度、专业技能情况等方面（韩华为等，2018；Levin et al.，2013）。人类活动是整个自然生态服务系统的重要影响因素，家庭的人力资本状况和其他生计资本会产生交互影响，进而对家庭生计活动和生态系统服务产生较为显著的影响（Levin et al.，2013；Yang et al.，2017）。由于中国的文化结构等因素的影响，户主对家庭的影响要显著高于其他家庭成员。因此在探讨家庭可持续生计的相关问题时，户主的教育程度和户主的健康水平受到了较多的关注，在一些研究中也直接用户主的教育和健康水平作为家庭人力资本的主要指标（苏芳等，2015；Yang et al.，2017；Donohue et al.，2015）。人力资本意味着发展的机会，家庭如果有充足的人力资本，将有很多发展机会和收入机会，不容易陷入贫困。相反，贫困家庭的人力资本状况往往较为恶劣，因此丧失了很多发展机会，最终导致家庭贫困（樊士德、金童谣，2021；吕光明等，2021）。

人力资本减贫的相关研究，主要从健康和教育两个角度展开。从健康人力资本的角度看，健康的身体是参加劳动和生计活动的基础，也是人力资本发挥作用的根本保证。中国通过实施“健康扶贫”工程，投入了大量的医疗卫生服务资源针对地方病、慢性病的治疗和防止工作，取得了较为明显的成效。通过健康扶贫工程解决了区域性的疾病问题，但是对于家庭层面和个体层面的健康人力资本提升工作有待进一步加强。目前进行的健康扶贫工程不断走向深化，开始在家庭层面和个体层面保障基本的医疗卫生公共服务。通过不断提升医疗卫生体系的保障能力，有助于提升家庭的抗风险能力和健康人力资本（裴劲松、矫萌，2021；阮荣平，2021）。从教育人力资本的角度看，通过公共教育提供贫困家庭的文化程度，有利于提升其在就业市场的竞争力，提升就业机会和工作收入（方航等，2021）。通过组织开展职业技能培训，对于提升贫困家庭的工作技能和提升家庭收入具有十分明显的效果。对于农业种植生产来说，健康劳动力的作用十分关键，尤其是在农业机械化程度有效的地区。教育人力资本能够发挥显著的减贫效应，对于成年劳动力和儿童均能够产生深远的影响。劳动技能培训对于外出务工人员的收入具有十分明显的正向作用（Wang et al.，2010）。在对国家统计局住户调查数据进行描述性分析之后，相关研究发现，贫困家庭由于缺乏医疗卫生服务和教育公共服务，这种医疗和卫生公共服务的缺乏进一步加深了其贫困程度（Gustafsson & Li，2004）。通过对贫困县儿童的调查，运用多元回归模型，研究发现，儿童早期教育公共资源的缺乏严重影响了长期的人力资本积累，是家庭贫困的重要诱因（Luo et al.，2012）。

4. 自然资本减贫

自然资本主要包括土地面积、灌溉便利程度、土壤肥沃程度和粮食单产等方面（汤青，2015）。对于易地搬迁农户而言，迁入地区的自然资本对于迁入居民生计活动的开展具有十分重要的影响（李树茁等，2018；Li et al.，2020；Griggs et al.，2013）。自然资本是家庭生计活动的起点和基础，生产生活的各个环节都和自然资本直接或者间接相关，对于家庭生计和民生福祉具有十分显著的影响。自然资本减贫效应的发挥关键在于实现自然生态环境与家庭生计活动的良性互动。如何通过良好的治理体系实现人的可持续发展，同时保护好自然资源，是一个重要的政策议题。生态系统是自然资本的提供者，包括土地、水资源、森林植被等，居民是自然资本的消费者和受益者（Christabelle et al.，2017；Li et al.，2020；Reid et al.，2016）。居民的生计活动和生计产出是自然资本和生计结果的中间过程（Schultz et al.，2015）。对于生态补偿等服务于特定目的的公共政策项目来说，还涉及财政资金由政府向生态系统的流动。这种资金流动一般而言有两种特定的用途：一是进行直接的生态补偿，以期恢复生态系统原本的自循环功能。二是对于受影响的居民进行补偿，以便不降低其福祉水平（Schaefer & Goldman，2015）。对于生态系统的维护工程，将不可避免地影响居民原本的生计活动和生计资产，因此十分有必要通过财政资金进行补偿，以不降低其生活福祉水平。比如将异地搬迁居民纳入医保、将水库移民纳入扶贫对象等措施，都是通过财政资金为此居民提供福祉的具体政策手段（李树茁等，2018；汤青，2015；Jun Wang et al.，2016）。

以自然资本减贫为核心的政策实践，充分表明自然资本具有显著的减贫效应。比如中国的生态脆弱区居民易地搬迁扶贫计划是一个典型案例。中国的易地搬迁计划有效地保护了生态脆弱区域自然系统，给自然资本的恢复提供了时间和空间（Xu et al.，2019；Yu et al.，2020）。实际上，中国政府采取了各种综合配套措施，以保障生态脆弱区迁出居民的生计活动，提升其福祉水平。在居民迁入的地域，政府出资建设了大量的配套基础设施，比如自来水供应网络、电力基础设施、道路交通基础设施、电信网络设施以及污水处理设施，等等。在自然脆弱区域，自然资本无法支撑居民的基本生计（Peng et al.，2019；Guo et al.，2019；Levin et al.，2013）。相应地，自然脆弱区域居民基本的生计活动，会对自然资本积累和生态平衡造成严重的负面影响，由此带来了恶性循环（Carpenter et al.，2009；Martin & Lorenzen，2016）。生态脆弱区域主要集中在中国的中西部地区，典型的包括青藏高原水资源保护区、西南喀斯特地貌区以及西北荒漠化地区等。针对生态脆弱地区的实际状况，中国从 2015 年开始实施大规模的易地搬迁扶贫计划，旨在提高居民福祉和保护生态环境（李树茁等，2016；李树茁等，2018；李聪等，2015；Li et al.，2020）。根据国家发展改革委公布的数据，因为生态系统服务承载力严重不足搬迁 316 万户家庭，占比 32.2%，涉及 462 万人口。从地方病高发地区搬迁出家庭 8 万户，占比 0.8%，涉及 13 万居民。从其他不适合人类生存的地区搬迁出 54 万户居民，占比 5.5%，涉及 93 万人口。

5. 物质资本减贫

物质资本一般指生产资料，房屋结构、饲养牲畜的数量、交通运输工具、农用机械等生产资料是物质资本的重要构成要素（黎洁等，2009；梁义成等，2014）。物质资本是以人的生产和生活为核心，比如房屋、牲畜、交通工具和农业机械等。而自然资本主要是以农业生产活动为核心，比如土壤、灌溉等（黄建伟，2013；Joanes et al.，2015；Nilsson et al.，2016）。物质资本减贫效应的有效发挥，核心在于提升家庭公共服务基础设施的可及性，通过高效的公共服务提升贫困家庭的物质资本水平（何仁伟，2018；朱春奎、廖福崇，2020）。比如交通扶贫的相关研究，通过对贫困地区公共基础设施状况进行分析，研究发现公共基础设施的严重缺乏是深度贫困地区难以脱贫的主要原因（Paker et al.，2008）。“村村通”工程的开始极大地弥补了农村道路交通基础设施的不足，强化了农村与城镇的联系，有效地增加了市场的可及性，能够发挥显著的减贫效应（李丽莉等，2021；李小云，2021）。此外，农村地区的用水问题也是重要的切入点。干净卫生和充足的饮用水，对于农村居民的生计活动具有十分重要的影响，是一项重要的物质资本（Li et al.，2021）。政府通过加强自来水基础设施，将广大农村地区纳入城市自来水供应网络体系当中，对于提升农民的生计活动质量产生了积极的影响（何仁伟等，2017）。

二　基于生计策略的减贫研究

生计策略指的是家庭对资产利用的配置和经营活动的选择，以便实现他们的生计目标（苏芳等，2009；Mäler et al.，2008；López & Valdés，2000）。相关研究主要从三个不同的理论视角展开。

（一）时间分配的视角

时间是一种资源，对于生计资本相对比较匮乏的贫困家庭而言，时间是比较丰富的资源。因此，从家庭成员时间分配的视角，相关研究将生计策略分为兼业型生计策略和农业型生计策略（黎洁等，2009；李树茁等，2010）。具体而言，兼业型生计策略指的是在农业生产之余，利用农闲时间积极发展农家乐旅游、进城务工以及从事基础手工业生产等非农活动。兼业型生计策略以农业生产活动为基础，充分利用了农闲时间，能够创造多元化的收入途径，从而提高收入和消费水平。通过基础性的技能培训，帮助贫困户开展兼业型生计活动，对于贫困家庭的脱贫具有十分重要的意义（王君涵等，2020；Reid et al.，2016；Donohue et al.，2015）。农业型生计策略指的是单纯从事农业生产，包括种植业、畜牧业、渔业和林业等。在农业生产之外，不再从事其他类型的生产经营活动

(Heming et al. , 2001)。农业型生计策略将所有的家庭劳动时间分配到农业生产中，收入来源单一，非常容易受到自然环境的影响(Donohue et al. , 2015)。受到人均耕地资源的限制，中国农民进行农业生产活动往往呈现出低投入小规模的特点，基本上是“靠天吃饭”。一旦出现自然灾害，农业型生计策略的家庭十分容易陷入贫困当中（苏芳等，2011)。

（二）风险冲击的视角

从抗风险冲击的理论视角看，不同生计策略的抗风险能力是不同的。单一型生计策略指的是家庭只从事单一类型的生产经营活动，比如只进行农业生活或务工等（Guo et al. , 2019)。单一型的家庭生计策略在遇到突发意外事件带来的风险时，很容易陷入贫困，因此单一型家庭生计策略的抗风险能力很差（苏芳等，2020；孙凤芝等，2020；Kareiva et al. , 2015)。复合型生计策略指的是同时从事多种类型的家庭生产活动，如农业生产、手工业生产和服务业经营等。复合型生计策略能够实现家庭收入的多样化，能够有效地抵御外来风险冲击。地方政府通过开发乡村特色旅游资源，鼓励农户发展农家乐、民宿等生产经营活动，能够通过复合型的生计策略提高农户的抗风险能力（杨晶等，2019；Guo et al. , 2019)。

（三）资本投入的视角

生计活动的开展是需要以一定的生计资本为基础的。基于生计资本投入的特点，可以将家庭的生计策略分为生存型生计策略和发展型生计策略（Fang et al. , 2014)。生存型生计策略主要体现为依托现有耕地和林地等自然资本，进行小规模的短期投入，进行家庭生产经营活动（Fang & Zhu，2018)。比如家庭畜牧业、家庭种植业等类型。生存型生计策略所需要的前期投入降低，风险较低，因此是大部分贫困家庭的首要选择（何仁伟等，2017；胡晗等，2018)。但是由于投入有效，难以形成规模效应，因此生存型生计策略下仅仅能够满足家庭基本的生存需要，难以支撑进一步的长远发展（Deng et al. , 2020)。与此相反，发展型生计策略主要是指家庭进行较大规模的长期投入，进行人力资本积累或者开展服务业生产等（孙晗霖等，2019；Martin & Lorenzen，2016；Peng et al.，2019）。举例而言，人力资本是需要长期投入的，依托教育积累人力资本对于家庭长远的发展非常有意义。再如特色种植业、特色旅游业等，都需要家庭和当地政府进行较大规模的长期投入。发展型生计策略需要较多的前期投入，资金回收的周期也相对较长，但是具有较好的发展前景。

生计策略如何影响贫困状况？在梳理现有文献的基础上将生计策略的贫困研究分为发展型生计策略减贫和多样化生计策略减贫两种类型。

1. 发展型生计策略减贫

发展型生计策略指的是依托一定的生计资本投入，发展特色型产业和生计活动，通过产业发展来实现减贫的目标。开发特色种植业就是发展型生计策略的一种形式（Chen et al.，2012）。研究发现，相比较于粮食作物生产、蔬菜种植和苗圃林业生产，花卉和水果等特殊农业类型能够带来很高的经营收入（黄建伟，2013；郭圣乾，2011；俞福丽、蒋乃华，2015；Cao et al.，2016）。基于对贫困地区特殊旅游业数据和调查，研究发现，在一些自然景观比较奇特但是产业开发落后的地区，通过政府引导民间融资进行特色旅游业开发能够有效减贫（冯伟林、李树茁，2016）。除此之外，通过“互联网+特色产品”“电商扶贫”，以及“淘宝村”建设等新的生计活动形式，发展型生计策略能够发挥显著的减贫效应（易法敏等，2021；苏芳，2015；Daily et al.，2013）。通过对“电商扶贫”背景下农村家庭生计活动的跟踪调查，研究发现，电子商务有效地提升了农村家庭的收入水平和消费水平，具有较为显著的减贫效应（柏振忠、李亮，2015）。电子商务扶贫是发展型生计策略减贫的典型例子，王胜等（2021）提出了一个分析电商扶贫效果的理论模型，认为开展电子商务产业是一项典型的发展型生计策略，通过利用特色自然资源、特色地方农副产品品牌以及电商生态体系等要素开展生计活动。在电商扶贫的分析框架中，发展型生计策略包括利用电子商务手段创业、在电子商务行业就业以及在其他相关的产业溢出当中寻找就业机会。扶贫效果具体可以表现为农村收入增加、农村居民获得更多的教育机会、更好地融入社会网络以及获得更多的外部支持。值得注意的是，在电商扶贫的发展型生计策略框架中，该生计策略同时会受到两个方面因素的影响：一是产业特色，具体包括了贫困地区的特色自然资源、具有全国影响力的地理标识品牌，以及在产业发展中形成的规模化布局和电子商务生态体系（郭圣乾，2011；范乔希、万青，2021）。二是扶贫政策，包括宏观层面的电商扶贫产业规划和产业政策，中观和微观层面的电商扶贫项目的实施推进。实际上，扶贫政策是影响贫困家庭生计策略的重要因素（胡江霞、于永娟，2021）。在集中连片特殊困难地区，通过中央政府的转移性财政实施产业扶贫开发，能够引导贫困家庭因地制宜地开始生计活动，能够起到较好的扶贫效果。

2. 多样化生计策略减贫

多样化生计策略指的是同时从事多种类型的生计活动，以便提高家庭收入和抗风险能力。与单一化生计策略相反，多样化生计策略是家庭基于不同类型的生计资本，从多个不同的方面开展生产经营活动。比如在四川、重庆、江西以及河南等劳务人口输出大省当中，家庭为了摆脱贫困大部分采用的是多样化的生计策略（宋璐、李树茁，2017；郜秀军等，2009；Wilmsen & Wang，2015），即青壮年劳动力到东南沿海的工厂务工，老人和小孩留守农村从事简单的农业生产活动，通过这种方式提升家庭的收入能力。关于外出务工和家庭可持续生计的相关研究发现，外出务工能否形成转移性收入（Rogers et al.，2019），对于贫困家庭脱贫具有十分重要的意义（黄建伟，2013；李聪等，2010；李小云等，2007）。对于城市家庭而言，多样化的生计策略也能够有效实现减贫的目标。城市贫困家庭如果能够同时开展个体工商业和其他兼职，比单纯依靠工资收入的家庭更容易实现脱贫的目标（高功敬，2018）。在农民工群体及其家庭当中，比较好地体现了生计策略多样化对于贫困减少的意义。安详生等（2014）以进城务工人员作为研究对象，通过结构方程模型的方法探讨进城务工作为一种多样化的生计策略，对于家庭贫困状况的影响。生计策略减贫的理论模型，认为对于农村家庭来说，进城务工可以认为是一项拓展家庭收入来源的多样化生计策略。一方面，脆弱性背景表现为失业的风险。这一点和单一型的农业化生产策略不一样，对于单纯从事农业生产的家庭来说，脆弱性背景主要是自然气候的变化对农业生产带来的冲击。如果家庭将外出务工作为生计策略多样化的一种方式，则失业带来的风险是一项重要的脆弱性因素（柏振忠、李亮，2015；冯茹，2017）。另一方面，生计资本会影响到生计策略的选择和效果。如果家庭的青壮年劳动力数量较多，意味着人力资本丰厚，则外出务工带来的收入效应要更加明显。相应地，如果社会资本积累具有一定优势，则能够在获取工作机会等方面体现出较为明显的收入效应。中国农村家庭的社会资本，主要表现为基于同乡、同族和同姓等要素形成的社会联系。在外出务工群体中的老乡会、同学会等非正式组织，能够提供非农的就业务工机会，对于农村地区贫困家庭外出务工具有很强的促进作用（冯伟林、李树茁，2016；高博发等，2020）。外出务工促进了贫困家庭的生计多样化，获得的收入和报酬在家庭内部形成转移，进而实现贫困家庭的脱贫。

综合而言，关于生计策略减贫的相关研究得出了相对一致的结论：多样化和发展型的生计策略有利于减贫，单一化以及农业型的生计策略不利于减贫。以生计策略和生计资本作为核心要素，相关研究发展出了可持续生计的减贫分析框架。以可持续生计理论为基础，探讨扶贫政策的减贫效应，相关研究成果非常丰富，提出了诸多具有启发性的结论，是本书研究的重要理论基础。实际上，可持续生计视角下的贫困治理研究有一个逐渐发展的过程，早期的相关研究以西方的扶贫治理场域为主。近年来，关于中国的脱贫攻坚，相关研究在可持续生计的视角下探讨易地搬迁扶贫和退耕还林扶贫等具体的扶贫政策。

Scoones 在生计活动发展了可持续生计的分析框架，分析了在不同背景下生计主体基于生计资本的现实情况以及生计策略的组合来实现可持续发展和贫困减少（Scoones，1998）。该生计框架是在生计概念基础上的一次创新，创造性地引入了背景和条件、制度过程和组织结构、生计策略，以及生计结果变量，揭示了生计活动的动态本质，同时公共政策置于可持续生计的理论框架当中，体现了公共政策对于生计活动的重要影响（黎洁等，2009）。需要指出的是，这一理论框架也存在有待改进的地方。Scoones（1998）的生计框架确实揭示了生计活动的动态本质，但是仅仅把生计活动当作从背景条件到生计结果的线性过程是有一定缺陷的。

英国国际发展署（Department for International Development，DFID）提出了一个可持续生计框架。DFID（1999）的可持续生计框架，在 Scoones（1998）框架的基础上，采用系统的视角分析生计主体从生计背景到生计产出的过程，克服了简单线性过程的缺陷。脆弱性背景既包括自然生态环境的变化和冲击，也包括宏观经济和政治形势的影响。结构和过程受到脆弱性背景和生计资本状况的影响，在前述三个方面的影响下，生计主体做出生计策略的选择，生计产出是最终的结果。DFID 的生计框架充分体现了生计活动的各个环节相互影响的现实（Christabelle et al.，2017；Griggs et al.，2013；Preiser et al.，2018）。生计资本的存量会直接影响到政府的公共政策和组织过程，与此同时，结构的转换和过程会影响到生计主体所处的宏观背景。DFID 生计框架的创新性在于克服了以往框架中简单线性视角的缺陷（何仁伟等，2017；李树茁等，2010；苏芳等，2015），采用系统的视角来理解和分析生计活动，充分揭示了生计活动的动态本质。家庭可持续生计框架揭示了生计活动的核心要素，在中国扶贫攻坚的相关研究中得到了十分广泛的应用。比如西安交通大学的李树茁教授团队基于可持续生计框架，结合中国的经验场景，开发了诸多具有启发意义的理论框架。

易地搬迁影响家庭生计和贫困状况。扶贫搬迁会对家庭生计活动产生重要影响，一方面，迁移意味着离开原有的生计活动环境，生计背景发生重大变化（李聪、李树茁，2014）。另一方面，生计资本和生计策略都会因为家庭迁移而改变。比如耕地、林地和草地等自然资本是难以迁移的，因此家庭可能面临自然资本的损失。同时，由于迁移到新的环境当中，因此可能在技能培训、就业机会和社会交往等方面获得额外的收益。在迁入地开展家庭生计和生产活动，面临着诸多的挑战和问题，需要政府和家庭共同应对。Li 等（2015）基于中国易地搬迁扶贫的政策实践，提出了一个可持续生计视角下的异地扶贫搬迁项目政策分析框架。通过对陕西省安康县的长时间跟踪调查，发现异地扶贫搬迁项目产生了广泛的影响。从短期效果看，将居民从生态脆弱区域搬迁出去，减少生计活动对于生态系统的影响。从长期影响来看，区域生态系统的恢复对于整个自然环境的保持具有显著的意义（Li et al.，2015）。与此同时，脆弱性的降低也意味着韧性的增强，搬迁居民和生态系统本身都提升了面对风险的韧性。但是同时也应该注意到，在搬迁初期，居民面临着巨大的生计压力（Christabelle et al.，2017；汤青，2015）。安置地域并不能够支撑搬迁居民的所有生计活动，居民的短期生计受到较为严重的影响（李聪等，2014）。

退耕还林政策对家庭生计和贫困程度的影响研究。李树茁等（2010）的研究以退耕还林扶贫政策为核心，从扶贫政策与家庭结构的视角探讨退耕还林对于农户可持续生计的影响过程。退耕还林扶贫政策是一项外在的冲击，该研究将家庭结构的因素引入可持续生计框架中，探讨在退耕还林政策实施的过程中，家庭结构如何与生计资本等因素互动，最终影响到家庭的生计结果和贫困状况。扶贫政策对家庭生计和贫困状况的影响研究。Liu 等（2020）基于提出了一个扶贫政策对家庭生计韧性的分析框架。生计韧性主要包括抗风险能力、自我组织能力和学习能力三个方面，是摆脱贫困的核心要素。首先，生计韧性和扶贫政策是相互影响的关系。一方面，特定地区家庭的生计韧性会影响到扶贫公共政策的制度，如果地区的生计韧性很强，扶贫政策的实施力度会相对较小。与此相反，如果特定地区的家庭生计韧性较差，则政府扶贫政策会倾向于帮扶为主，包括基本医疗兜底、最低生活保障等保基本型的帮扶政策。另一方面，扶贫政策的实施也会反对来影响家庭的生计韧性。生计结果包括可持续性、福祉水平、脆弱性降低以及贫困减少等方面。作为家庭生计的终点，生计结果受到生计策略和生计能力的影响，同时会进一步塑造生计韧性。

第三节　基本医疗保险与贫困治理

基本医疗保险减贫的研究成果丰富，主要可以从基本医疗保险与健康扶贫，以及基本医疗保险防止因病致贫两个视角展开。

一　基本医疗保险与健康扶贫的相关研究

“健康扶贫”工程是医保减贫的典型实践。实际上，“健康扶贫”工程中的重要一项内容，就是通过财政投入实现基本医疗保险贫困户全覆盖的目标。中央预算对特困地区进行专项转移性支付，推动实现了建档立卡贫困户基本医疗“应纳全纳”（叶慧、刘玢彤，2020；余达淮、王世泰，2020）。客观上来看，“健康扶贫”工程通过提升贫困人口的劳动能力，降低医药费用对家庭其他支出的挤压，显著提高了贫困家庭健康状况和人力资本积累。

中国健康扶贫工作的核心目标，是保障贫困人口的基本医疗，通过财政转移性支付等手段实现贫困人口基本医疗保险全覆盖。实际上，健康扶贫的供给侧和需求侧具有不同的政策意涵（林万龙、刘竹君，2021）。推进健康扶贫工程，需要健全贫困地区的医疗卫生服务体系，尤其是乡镇卫生院等基层医疗服务机构，提高了贫困人口看病就医的便利性。加大对贫困地区的医药卫生财政投入，提高公共卫生服务能力（彭宅文，2018；任田等，2018）。从需求侧的角度看，贫困人口对于医疗卫生服务的支付能力十分有效，因此需要通过财政补贴等机制提供贫困人口的支付能力。

关于基本医疗保险对于贫困的影响，目前仍然存在一定的争议。现有研究从不同的研究视角出发，得出了两种截然不同的观点。

1. 基本医疗保险能够发挥减贫作用

通过对建档立卡贫困户的跟踪调查，研究发现基本医疗保险对于贫困户脱贫具有显著的正向作用，对于因病致贫家庭的减贫效应最为明显（邢成举等，2021；鄢洪涛、杨仕鹏，2021）。通过统计数据的分析也发现，参加基本医疗保险的居民，其陷入贫困的概率相对较低（姚力，2019；叶慧、刘玢彤，2020；Liu et al.，2019）。部分研究关注到新型农村合作医疗制度，研究发现“新农合”对于集中连片特困地区的贫困户具有显著的减贫效应（于大川等，2019；Kuang et al.，2020）。总结来看，基本医疗保险的减贫效应主要是通过以下三种机制实现的。

（1）基本医疗保险能够降低家庭的贫困脆弱性，进而有效地实现减贫。贫困脆弱性（vulnerability）指的家庭陷入贫困的潜在风险（Li et al.，2021；葛永波、陈虹宇，2021；王文略等，2015），主要关注点在于家庭面对意外风险时候的耐冲击能力。集中连片地区的脱贫攻坚，核心的原则是通过扶贫政策降低区域的贫困脆弱性（李雪萍，2015；李小云等，2007）。基本医疗保险能够有效地降低家庭的贫困脆弱性，从而实现减贫的目标（胡江霞、于永娟，2021）。一方面，基本医疗保险的个人缴费部分可以看作一种特殊形式的家庭储蓄（万广华等，2014；Finkelstein，2007），通过家庭内部的跨周期转移性支付，有利于应对未来可能出现的健康风险冲击（You & Kobayashi，2009）。另一方面，基本医疗保险的财政统筹缴费，能够在家庭受到意外风险冲击时提供一定的资金支持（刘子宁等，2019；和萍，2019）。个人积累和财政补贴两种资金的积累方式，为参保家庭在面对意外疾病风险冲击时提供了相对可靠的医疗资源保障，有效降低了其贫困脆弱性。尤其是在中国对于贫困户的精准扶贫当中，建档立卡贫困人口全部纳入了基本医疗保险的保障范畴（林万龙、刘竹君，2021）。

（2）基本医疗保险能够提升健康水平，因此具有显著的减贫效应。从医保提升健康状况的角度看，医疗保险提升了参保群体的健康人力资本，有利于家庭增收和减贫。家庭劳动成员患病将直接影响家庭的生计活动，导致其生产效率下降，进而影响到家庭整体的创收能力和福利水平。基本医疗保险有利于提升家庭健康和人力资本水平，通过家庭劳动力的生产活动实现减贫（刘欢，2017；梁土坤，2017；Meng et al.，2015）。人力资本是生计资本的重要内容之一，家庭劳动人口的数量和健康水平直接影响着家庭通过人力资本创造收入和提升福利的能力。农村医疗保险制度具有增收和减贫效果，其中的一条作用机制就和健康人力资本密切相关。杨晶等（2019）从社会保险影响人力资本的角度论证了基本医疗保险的减贫效应。家庭成员罹患疾病会带来一系列的连锁反应，对于家庭消费和支出带来多种形式的影响（Wang et al.，2009；李静，2019）。在家庭的生计决策中，人力资本是十分重要的一个因素，任何生计活动的开展都离不开劳动力的投入（陈成文，2017；陈静思，2016；Yu et al.，2020）。因此从这个角度看，包括基本医疗保险在内的社会保险制度能够有效地促进贫困家庭的人力资本积累和收入增长，发挥减贫效应。

（3）基本医疗保险能够减少医药费用的自付比例，减少对家庭资产的冲击，因此有利于减贫。从降低医药费用的角度看，医疗保险能够在发生医疗费用的时候，按照既定的政策规定进行费用报销。基本医疗保险能够覆盖一部分治疗费用，减少了对家庭其他消费的挤压，有利于家庭长远的可持续生计发展。中国基本医疗保险制度的发展，给贫困家庭提供了更强的信心开展小规模的投资和扩大规模等生产行为。由于基本医疗保险制度的存在，贫困户有一定的心理预期，能够在患病治疗支出中得到基本医疗保险的一定比例报销和补偿（黄国武等，2018）。正是基于这一点，研究发现，新型农村合作医疗参保率高的地区，贫困户开展进行多样化生计投资的积极性更高（Fan et al.，2021；Asadullah et al.，2018）。针对新型农村合作医疗的研究发现，中老年群体的参保意愿非常高，主要原因在于其医药费用支出的总额也较大，医保报销能够有效降低自付的医药费用总额（周坚等，2019；方迎风、周辰雨，2020；Fan et al.，2021；Lei & Lin，2009）。间接来看，医疗费用支出存在较为明显的年龄效应，即中老年的健康水平较差，因此医药费用支出较多（封进等，2015；赵忠，2006；Li & Zhang，2013）。实际上，灾难性的医药费用支出对于其他消费支出和投资的影响巨大，会严重挤压教育投资、金融投资以及其他长远发展计划。对于贫困家庭而言，如果没有基本医疗保险提供一定的补偿作用，大额的医药费用支出极大概率会消耗家庭有限的储蓄和其他资产，造成深度贫困的发生。因病致贫和因病返贫严重阻碍了教育投入和家庭长远发展规划（Sun & Lyu，2020；Wagstaff et al.，2009；郭庆、吴忠，2020；黄薇，2019）。教育投资和资本投资作为中间因素的共同作用，最终影响了收入水平。基本医疗保险的报销制度，在一定程度上提升了参保人员进行治疗的积极性，部分消除了去医院检查看病的后顾之忧，防止由于贻误检查治疗时间而进一步损害身体健康。在中国农村，存在比较普遍的患病未及时检查治疗，造成的“小病拖成大病”的情况（Lei & Li，2009；Pan et al.，2016；Wagstaff et al.，2009）。基于中国农村新型合作医疗制度的研究发现，参保农民出现身体不适和疾病风险时，其前往医院检查和治疗的概率要显著地高于未参保农民（Tao et al.，2020；詹鹏等，2021）。

2. 基本医疗保险的减贫效应不显著

基本医疗保险制度设计的初衷是通过财政补贴和用户缴费的方式，构建一个“资金蓄水池”，为参保居民在患病时提供一定的保障功能（董克用，2019；方迎风、周辰雨，2020）。在实际运行的制度中，由于城乡差异和地区差异等原因，基本医疗保险的保障水平在地域之间存在较大差异（范红丽等，2021）。基本医疗保险的减贫效应难以发挥，相关研究主要总结出了以下三个方面的原因。

（1）基本医疗保险财政统筹投入有限，保障水平不足。对于中西部地区，基本医疗保险财政账户的资金比较有限，整体的报销覆盖范围和报销水平都十分有限，造成了难以发挥有效的保障作用（徐俪筝等，2019；Chen et al.，2017）。针对中国新型农村合作医疗制度的研究发现，由于财政补贴的比例过低，加上农户经常使用的慢性病门诊等非住院医药费用无法使用医保资金，导致农户参保的积极性普遍不高，基本上不存在减贫效应（Dou et al.，2018；Yang et al.，2018）。此外，对于因病致贫的家庭，高频的医疗费用支出主要是对于慢性病的日常治疗和医药费用，因此减贫效应难以发挥（Zeng et al.，2019；Wang et al.，2012；You & Kobayashi，2009）。

（2）基本医疗保险存在道德风险等投机问题，保障的精准性严重不足。基本医疗保险如果能够精准定位需要的人群，通过财政报销和个人自付的方式能够有效地保障贫困家庭的就医需求，进而降低贫困概率。遗憾的是，基本医疗保险领域存在明显的道德风险投机问题，进而导致保障的精准性严重不足，无法发挥减贫效应（左停、徐小言，2017；Jensen et al.，2020）。具体而言，基本医疗保险的道德风险问题主要体现在供给侧和需求侧两个方面：一方面，从供给侧的角度看，在先行的公立医院管理体制下，作为医疗服务供给方的医院具有非常强的自利动机。体现在对于就医群众，并不是采用最合适的治疗方法，而选择能够创收最多的治疗方案进行诊疗，体现为明显的过度医疗的问题。由于这一问题的存在，医疗保险参保居民支付了费用却接受了一些并不需要的医疗服务，医疗保险基金也遭受了一定程度的损失。诊疗服务领域实际上存在明显的信息不对称，在监管手段有效的情况下会严重地消耗宝贵的医疗保险基金（Ma et al.，2016；Xu et al.，2007）。另一方面，从需求侧的角度看，参保居民存在一定程度的浪费医疗资源的行为。对于新型农村合作医疗参保农户的跟踪研究发现，有较高比例的参保农户认为自己缴纳了医疗费用，不使用的话就浪费了，因此出现了假装生病就医、夸大病情住院等情况的发生。更为严重的是，在就医行为和医保报销的领域，患者和医院实际上具有明显的共谋动机：参保居民获取过度的医疗资源，医院则创造更多的诊疗费用和收入（You & Kobayashi，2009）。在这个过程中，最大的“输家”就是医保基金。正是从这个角度出发，相关研究认为基本医疗保险由于存在明显的道德风险，导致保障的靶向性不足，无法产生减贫效应，更多的是带来医疗资源的严重浪费和财政资金的大量消耗（Wagstaff et al.，2009；Tang et al.，2008）。

（3）基本医疗保险难以应对大病冲击。基本医疗保险的保障范围和保障水平有严格的医保目录限制，同时均设计了报销的“封顶线”（汪三贵、孙俊娜，2021）。从这个意义上看，基本医疗保险是无法应对大病带来的冲击的，因此对于罹患重大疾病的家庭而言，其减贫效应有限（Hosseinpoor et al.，2015；Ta et al.，2020）。研究发现，在罹患重大疾病时，社会网络中亲朋好友的帮助能够产生显著的减贫效应，其作用远远大于基本医疗保险（Ma et al.，2020）。应对重大意外疾病的冲击，主要依靠购买商业医疗保险，或者是慈善募捐、医疗救助等手段。对于贫困家庭而言，商业医疗报销的费用较高难以承担，而获得慈善募捐和医疗救助的不确定性又较大（Pan et al.，2016；Love – Koh et al.，2020）。因此从这层意义上来看，基本医疗保险难以在大病冲击下发挥减贫作用。

二　基本医疗保险防止因病致贫的相关研究

健康陷阱会严重影响到家庭的生计能力，从而导致贫困陷阱。因病致贫指的是由于患病和医疗费用支出导致的贫困现象。根据世界卫生组织的定义，如果个人负担的医疗费用超过家庭人均可支配收入的50%，则可以定义为因病致贫（关彦等，2021；郭庆、吴忠，2020）。章文光等（2021）通过对东部3个省份以及中西部22

个省份的建档立卡贫困户进行跟踪调查，通过贫困家庭数据进行跟踪研究，发现建档立卡贫困户最主要的致贫原因分别是缺技术、缺资金和因病致贫。其中因为缺技术致贫的样本家庭一共有 10498 户，占比 45.04%，缺资金致贫的家庭有 7724 户，占比 33.14%，因病致贫的家庭有 7558 户，占比 32.42%。除此之外，因为教育投资/子女上学因素导致的贫困家庭一共有 3152 户，占比 13.52%。因为家庭残疾丧失劳动力而陷入贫困的家庭有 2888 户，占比 12.39%。

在基本医疗保险防止因病致贫机理研究方面，相关研究从时间过程的角度和家庭可持续生计的角度，提出了医疗保险防止因病致贫的两条路径。

1. 基本医疗保险打破疾病和贫困之间的恶性循环

在分析健康社会保障如何影响因病致贫家庭时，左停等（2017）构建了一个“疾病—贫困”恶性循环的分析框架，认为健康风险是影响家庭成员患病的潜在因素，既包括基因遗传等因素，也包括环境污染以及生活方式等方面的因素。在中国贫困治理的情境中，集中连片特困地区的居民往往存在比较严重的健康风险（柳建坤、张云亮，2021；关彦等，2021；李静，2019；Chen et al.，2017）。比如个别地区的水质存在严重问题，在没有通自来水的情况下，居住在这些地方的居民具有极大的罹患慢性病的风险，从而造成了较大的致贫概率。家庭成员患病会给家庭生计资本带来多个方面的冲击，并产生一系列连锁反应（胡江霞、于永娟，2021；任田等，2018；帅昭文，2019；Levy & Meltzer，2008）。此外，患病成员前往医疗机构治疗，还可能会动用家庭储蓄，直接影响到家庭金融资本的有效积累。如果是罹患恶性重大疾病，家庭则有可能不得不变卖农用机械、固定资产等物质资本，对后续的生计活动产生严重的负面影响（Peng & Ling，2019）。影响更为深远的是，家庭过高的医疗费用支出，会挤压教育投资、培训投资等其他方面的资金需求（周小敏，2020；王海漪、杜婷，2021；Pradhan & Prescott，

2002）。上述因素的共同作用，很可能直接削弱了家庭长久的发展能力和创收能力，造成长期的收入减少和资本匮乏，最终造成家庭贫困。

家庭贫困和疾病之间的恶性循环链一旦形成，在没有外力的帮助下很难斩断。“贫困—疾病”之间的恶性循环链条一旦形成，会持续不断地侵蚀家庭的生计资本，并对家庭长远的发展规划造成严重的负面影响（左停、徐小言，2017；Sun et al.，2009）。任何一个单一家庭抵御疾病风险、走出疾病到贫困的恶性循环链条的能力都是有限的。外在的力量主要有两种形式：一是私人化的外在力量，比如亲朋好友的资金支持和帮助等，基于社会网络的社会资本就是一种典型的外在力量，在外务工亲戚朋友的汇款和帮助，能够让遭受自然灾害和疾病的家庭走出困境，避免陷入贫困的恶性循环（杨晶等，2019；张栋浩、蒋佳融，2021；赵德余，2020；Li et al.，2020）。二是制度化的手段，比如医疗救助制度、最低生活保障制度和社会公益慈善，等等。左停等（2017）提出的“贫困—疾病”恶性循环链认为基本医疗保险是切断疾病—贫困循环链的主要政策力量。基本医疗保险对因病致贫恶性循环链的作用可以分为直接效应和间接效应：从直接效应来看，基本医疗保险能够覆盖部分医疗费用，直接减少家庭的医药支出。基本医疗保险报销的费用直接减少了家庭的医药支出（赵可彤等，2021；左停、徐卫周，2019；Hosseinpoor et al.，2015）。相应地，医药支出的减少直接降低了动用储蓄和变卖固定资产以支付医药费用的可能，降低了对于生计资本积累的负面影响。基本医疗保险的费用报销制度，在一定程度上切断了家庭成员患病和生计资本状况恶化的因果联系（Yip et al.，2019）。从间接效应看，基本医疗保险的存在间接地降低了家庭面临的部分健康风险，从而在源头上部分地减少了患病的可能。

基本医疗保险防止因病致贫，主要体现在两个方面：一是慢性病防治。因病致贫的建档立卡贫困户，主要的致贫疾病是慢性病，比如糖尿病、心血管疾病、呼吸系统疾病等（章文光等，2021；汪三贵、孙俊娜，2021；Jensen et al.，2020）。由于慢性病的成因复杂、影响时间长以及治愈概率低等特点，会对家庭的可持续生计造成严重的负面影响（Yang et al.，2018；Wagstaff et al.，2009）。基本医疗保险制度能够在一定范围内，对于日常的慢性病医疗支出给予一定比例的报销，有助于防止慢性病的进一步恶化，减少对于患病家庭的影响。二是提高基本医疗卫生服务的可及性，对于切断疾病和贫困的恶性循环链具有间接作用（Wang，2013；You & Kobayashi，2009）。一般意义上，乡镇卫生院社区医疗点负责城乡居民日常大部分疾病的诊断和治疗工作。但是由于各个方面的原因，中国目前的分级诊疗是严重“倒挂”的，具体表现为三甲医院吸收了大部分患者和医疗资源，基层医疗机构难以发挥作用。大型三甲医院由于医疗水平高等原因，对患者和资源具有强大的“虹吸效应”（申梦晗、李亚青，2021）。基本医疗保险可以通过费用报销的机制，推动分级诊疗制度的落地实施，进而提升健康保障水平，切断疾病到贫困的恶性循环。实际上，中国的基本医疗保险制度，都有严格的就诊规程和医保目录，对于居民的就医行为能够起到较为显著的引导作用。

2. 基本医疗保险的缓冲效应机制

家庭成员罹患疾病在一定意义上可以比喻为从“高处坠落”，这时候是否有缓冲机制，以及缓冲机制的效果就变得至关重要（Sun & Lyu，2020）。如果有足够的缓冲机制发挥显著的作用，那么家庭因病致贫的概率就很低。反之，则非常有可能因为医药费用支出陷入贫困。家庭是否会因病致贫主要取决于应对风险的能力，即家庭是否有可靠的缓冲机制（翟绍果、周森森，2020；邓佳欣等，2020；Xu & Evans，2007）。就缓冲作用的发挥而言，有很多方式能够为意外风险提供缓冲，比如购买商业保险、社会资本积累、家庭储蓄等（戴卫东、徐谷雄，2020）。商业保险能够为家庭提供额外的保障，但是商业保险的前期投入较大，贫困家庭往往不具备投资条件。社会资本积累在中国主要为家族亲戚构成的社会网络，亲朋好友的帮助能够在遇到风险时提供移动的缓冲作用（Wang & Yip，2009）。家庭储蓄作为一项重要的资金来源，能够弥补大病发生时资金的不足，在一定程度上防止因病返贫。从公共政策意义上，社会保障制度是一项能够普惠全面的缓冲机制。林万龙等（2021）提出了一个医疗保险防止因病致贫的缓冲机制理论，认为基本医疗保险通过缓冲机制防止因病致贫，主要体现在以下三个方面。

（1）优化缴费结构。基本医疗保险需要扩大保障的覆盖面，除了贫困人口之外，还应该重点保障城乡低收入人群，为广大人民群众提供可靠的保障网络（林万龙、刘竹君，2021；和萍，2019）。通过进一步细化基本医疗保障费用的补贴政策，通过采用阶梯型缴费政策，实际上能够在一定程度上降低财政负担（关彦等，2021；Tao et al.，2020）。

（2）均衡报销机制。相关研究认为，取消个人账户能够在很大程度上避免道德风险等投机行为，进而提供医疗保险基金的利用率。在制度设计上，将从个人账户调剂出来的基金全部投入门诊统筹，能够加强对于地方病和慢性病的治疗和保障作用（洪灏琪等，2021；李华、高健，2018；Wagstaff et al.，2009）。除此之外，基本医疗保险减贫的缓冲机制发挥作用，还在于能够有效应对罹患大病的突发情况，因此在报销机制的设计方面，还应该加大对大病保险的财政投入（刘宇、聂荣，2019；龙玉其等，2020）。

（3）构建医疗救助网。在现行的政策设计下，大病医疗保险覆盖全部建档立卡贫困户，充分发挥了缓冲机制的作用（胡志平、余珊，2020；潘文轩，2018）。但是对于非贫困人口，大病医疗保险的覆盖程度较低，居民的参保积极性也比较低。构筑医疗保险缓冲机制的第二道防线，需要构建适应普通群众的大病医疗保险制度，防止意外的大病导致的因病致贫（朱超、王戎，2020）。第三道防线是医疗救助。医疗救助是兜底性保障，形式较为灵活，对于防止因病致贫能够发挥一定的作用。进一步发挥医疗救助的作用，需要灵活利用社会力量和慈善基金，充实医疗救助基金总量，提高保障待遇。

第四节　若干述评

关于可持续生计和基本医疗保险减贫效应的相关研究，从不同侧面提出了诸多具有启发性的研究结论，丰富了现有的理论，提供了翔实的经验证据，这些研究是本书立足的基础。由于政策情景发生了一定程度的变化，因此学术研究也有必要进一步推进，以便和政策实践相协调（李棉管、岳经纶，2020；林闽钢等，2019），具体有以下两个方面的内容。

第一，如何实现持续减贫是一项重要的政策议题。党的十九届四中全会指出，要进一步建立持续减贫的长效机制。在中国的政策语境下，绝对贫困问题主要是通过精准识别和精准帮扶，集中政府和社会的资源进行针对性的帮扶。持续减贫的实现主要是通过建设更加高效的社会保障网络体系，进一步改革收入分配制度，推动实现共同富裕。

第二，政策治理情景方面，已经由脱贫攻坚转向持续减贫和共同富裕。通过多种方式和手段精准识别贫困户，因地制宜地采用不同的方式进行精准帮扶和精准管理，在建档立卡贫困户的退出方面进行精准考核（朱梦冰、李实，2018）。在脱贫攻坚阶段，政府和社会的资源向贫困地区和贫困家庭倾斜，扶贫工作成为地方政府的一项重要的治理任务。2020 年 12 月 16 日，中共中央、国务院发布了《关于实现巩固脱贫攻坚成果同乡村振兴有效衔接的意见》，明确指出“统筹发挥基本医疗保险、大病保险、医疗救助三种保障制度综合梯次减负功能”，强调要通过基本医疗保险制度建设，防止因病返贫现象的发生。在基本医疗保险的减贫重点由集中资源帮助建档立卡贫困户，转向为通过基本医疗保障体系实现梯次减负，降低居民医药费用支出。

对于基本医疗保险减贫的理论和实证研究，需要针对新的治理场景和政策语境做出一定程度的拓展。综合来看，现有研究主要存在两个方面的不足：第一，基本医疗保险减贫的既有研究主要是在绝对贫困的标准下展开的，对于基本医疗保险如何持续减贫相关议题的研究有待加强。现有关于基本医疗保险减贫效应的相关研究，主要是集中在绝对贫困的标准和研究视阈下，通过采用绝对贫困线识别贫困家庭，探讨基本医疗保险减贫的政策效应和内在机理。

第二，现有关于基本医疗保险减贫效应的研究缺乏对家庭可持续生计的关注，部分研究遗漏了生计资本和生计策略等关键变量。生计资本和生计策略是影响家庭生计结果的重要因素，家庭收入、家庭消费、福利状况以及家庭贫困发生率等，都会受到生计资本和生计策略的影响。现有部分研究在探讨基本医疗保险的减贫效应主要是从基本医疗保险降低贫困脆弱性（林万龙、刘竹君，2021；万广华等，2014；Finkelstein，2007），以及基本医疗保险提升健康和人力资本（李静，2019；Cheng et al.，2015；Wang et al.，2009；Eggleston et al.，2008）两个视角展开。相关实证研究在变量控制方面，关注到了个体层面的相关变量，比如性别、年龄、婚姻状况、是否吸烟、是否饮酒等。但是对于家庭结构性因素关注有待加强，尤其是缺少了对于家庭生计资本和家庭生计策略的关注。

第三章

理论框架与研究假设

本章简要总结了可持续生计理论的发展脉络，并以可持续生计理论为基础，构建了基本医疗保险影响贫困的概念模型和分析框架。将基本医疗保险的相关测量作为自变量，将贫困程度状况作为因变量。基于理论模型，本章提出了本研究相关假设。在可持续生计理论的基础上，进一步以生计资本作为中介变量，生计策略作为调节变量，探讨基本医疗保险减贫的内在机理。

第一节　理论基础与分析框架

可持续生计视角下的贫困治理研究有一个逐渐发展的过程，早期的相关研究以西方的贫困治理场域为主，比较有代表性的可持续生计理论框架主要来自 Scoones（1998）以及 DFID（1999）的相关研究。近年来，以中国的脱贫攻坚的治理场域为基础，李聪等（2014）、何仁伟等（2017）以及李树茁等（2021）相关研究聚焦在易地搬迁扶贫、退耕还林扶贫等具体的扶贫项目，进一步发展了可持续生计与贫困治理的相关理论。

Scoones 在生计活动发展了可持续生计的分析框架，分析了在不同背景下生计主体基于生计资本的现实情况以及生计策略的组合，来实现可持续发展和贫困减少（Scoones，1998）。该生计框架是在生计概念基础上的一次创新，创造性地引入了背景和条件、制度过程和组织结构、生计策略，以及生计结果变量，揭示了生计活动的动态本质，同时公共政策置于可持续生计的理论框架当中，体现了公共政策对于生计活动的重要影响（黎洁等，2009）。需要指出的是，这一理论框架也存在有待改进的地方。Scoones（1998）的生计框架确实揭示了生计活动的动态本质，但是仅仅把生计活动当作从背景条件到生计结果的线性过程是有一定缺陷的。实际上，生计资本、生计策略和生计结果之间是相互影响的，在一定意义上生计过程是一个循环的过程。

在扶贫政策的实践过程中，DFID 提出了一个可持续生计框架。采用系统的视角分析生计主体从生计背景到生计产出的过程，克服了简单线性过程的缺陷。DFID 的生计框架包括脆弱性背景、生计资本、结构和过程、生计策略和生计产出五个部分。脆弱性背景既包括自然生态环境的变化和冲击，也包括宏观经济和政治形势的影响。生计资本有人力资本、物质资本、社会资本、金融资本和自然资本五种类型。结构和过程受到脆弱性背景和生计资本状况的影响，在前述三个方面的影响下，生计主体做出生计策略的选择，生计产出是最终的结果。DFID 的生计框架充分体现了生计活动的各个环节相互影响的现实（Christabelle et al.，2017；Griggs et al.，2013；Preiser et al.，2018）。生计资本的存量会直接影响到政府的公共政策和组织过程，与此同时，结构的转换和过程会影响到生计主体所处的宏观背景。作为最终结果的生计产出，也是影响生计资本状况的重要方面。DFID 生计框架的创新性在于克服了以往框架中简单线性视角的缺陷，采用系统的视角来理解和分析生计活动，充分揭示了生计活动的动态本质（何仁伟等，2017；苏芳等，2015）。DFID 提出的可持续生计框架如图 3－1 所示。

家庭可持续生计理论揭示了生计活动的核心要素，在中国脱贫攻坚的相关研究中得到了十分广泛的应用。这些研究聚焦在易地搬迁扶贫、精准扶贫以及贫困户福祉等不同方面，提出了诸多具有启发性的研究结论。

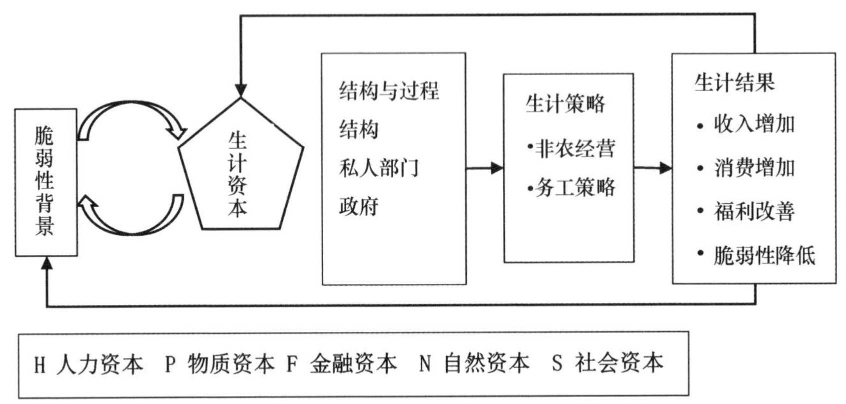

图3-1 英国国际发展署（DFID）的可持续生计分析框架

资料来源：**DFID**，1999。

李聪和李树茁（2014）的相关研究将家庭成员的迁移纳入可持续生计分析框架，认为家庭成员迁移到外地务工，能够形成家庭内部的收入转移，影响家庭生计资本的获得和生计策略的选择，对于贫困减少具有一定的正面作用。Li 等（2015）基于中国易地搬迁扶贫的政策实践，基于对陕西省安康县的长时间追踪调查，从政策影响的角度评估异地搬迁扶贫政策对于家庭可持续生计的影响，研究发现从短期效果看，将居民从生态脆弱区域搬迁出去，减少生计活动对于生态系统的影响，有效地降低了当地生态系统的脆弱性，尤其体现在水土保持和植被恢复两个方面。从长期影响来看，区域生态系统的恢复对于整个自然环境的保持具有显著的意义（Li et al.，2015）。与此同时，脆弱性的降低也意味着韧性的增强，搬迁居民和生态系统本身都提升了面对风险的韧性。但是同时也应该注意到，在搬迁初期，居民面临着巨大的生计压力（汤青，2015）。为了针对性地解决好这个问题，政府应该加强对项目实施的评估，通过政策支持易地搬迁居民完成生计活动环境的转换。何仁伟等（2017）的相关研究从农户可持续生计的角度将精准扶贫划分为扶贫对象识别、帮扶措施制定、帮扶措施实施以及稳定脱贫等阶段，构建了一个精准扶贫的多维贫困指数。进一步以四川省凉山自治州作为典型案例，何仁伟等（2017）的研究发现，从可持续生计的角度可以将贫困农户的致贫原因划分为生计环境恶劣致贫、人力资本贫乏致贫以及基础性基本缺乏致贫等类型。李树苗等（2021）的相关研究从保护、发展和福祉的角度，以农户的可持续生计为核心，提出了一个多层次的跨学科研究的分析框架。

上述有关可持续生计理论的国内外研究是本书参考的重要理论基础。围绕着核心研究问题，本书进一步提出了一个医保减贫的生计分析框架。本书的核心研究问题是基本医疗保险能否降低贫困程度，这就意味着本书需要进一步回答以下三个问题。

（1）基本医疗保险是否影响贫困状况

探讨基本医疗保险如何影响贫困状况，参照现有研究对贫困状况的定义和测量方法（姚树洁、张璇玥，2020；于大川等，2019），本书从家庭收入、家庭消费和贫困发生率等角度定义贫困状况。综合使用家庭收入、家庭消费和贫困发生率等指标，能够对贫困状况进行准确的测量，能够比较全面地反映家庭贫困各个方面的信息（林万龙、刘竹君，2021；和萍，2019）。本书进一步从基本医疗保险的参保情况和参保类型两个角度，分析基本医疗保险的减贫效应。

（2）基本医疗保险的减贫效应的异质性分析

异质性是政策效应研究不可忽视的内在规律，异质性表现为同样的制度安排，对于不同的社会群体会产生不同的影响。基本医疗保险的减贫效应，很可能在不同的社会群体之间产生差异。本书借鉴何文等（2021）和洪灏琪等（2021）的相关研究，分别使用年龄、城乡以及医保类型等标准进行分组，探讨基本医疗保险减贫效应的异质性。从年龄分组的角度看，不同年龄阶段的参保群体对于基本医疗保险的依赖程度可能存在较大的差异（Wagstaff et al.，2009），中老年人对于医药卫生服务和基本医疗保险使用频率也更高（阳义南、肖建华，2019；杨晶等，2019；Chen Z，2017），因此基本医疗保险的减贫效应可能存在年龄方面的异质性。从城乡分组的角度看，城镇和农村存在结构性的区别，城镇家庭和农村家庭的生计活动也存在较大的差异（何仁伟等，2013；李树茁等，2021；Li et al.，2020），因此在基本医疗保险的减贫效应方面可能也存在较大的差异。从医保类型分组的角度看，三种不同的基本医疗保险制度在筹资渠道、报销水平以及保障效果等方面存在较大的差异（何文、申曙光，2021；仇雨临，2019），因此其对贫困状况的影响也可能存在较大的差异。

（3）基本医疗保险影响贫困状况的作用渠道和影响机制

生计资本是开展生计活动的基础，生计资本很可能会在基本医疗保险减贫的过程中起到中介作用，因此有必要进行中介效应模型检验。除此之外，生计策略是指家庭基于生计资本等要素进行生计活动的方式方法，对于生计结果具有重要的影响（李树茁等，2021；Asadullah et al.，2018）。从这层意义上看，探讨基本医疗保险如何影响贫困状况，生计策略可能起到重要的调节作用（Fan et al.，2021）。需要指出的是，生计资本是家庭开展生计活动的基础，涵盖了家庭层面的物质因素、自然环境因素、金融储蓄和社会交往等诸多方面的因素。从统计意义层面看，这些因素会同时影响相关贫困状况和基本医疗保险参保（王文略等，2015）。因此，在基准回归和稳健性检验的相关模型中，为了更加准确地分析基本医疗保险对于家庭贫困状况的影响，有必要将生计资本进行控制。综合上述分析，本书以家庭可持续生计理论为基础，提出了基本医疗保险减贫效应的生计分析框架，具体参见图3-2。

在可持续生计理论框架中，生计结果主要表现为收入增加、消费增加、福利改善和脆弱性减少等方面（李树茁等，2010；汤青，2015；Li et al.，2020）。从这个角度看，探讨基本医疗保险制度的政策效应可以视同为探讨基本医疗保险对家庭生计结果的影响。生计资本和生计策略是连接基本医疗保险和家庭生计结果的中间变量（何仁伟等，2017；Martin & Lorenzen，2016；Peng et al.，2019）。

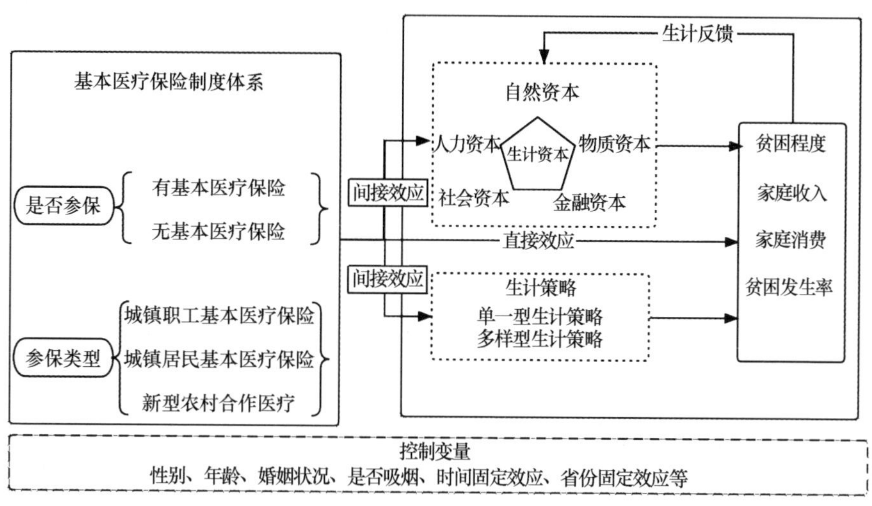

图 3－2　可持续生计视角下基本医疗保险的减贫效应框架

资料来源：笔者绘制。

需要特别指出的是，参保与否是个体行为，成年公民有是否参加基本医疗保险的权利。个体的参保行为如何影响家庭的生计结果？可持续生计理论为这一议题的研究提供了一个有效的分析框架。本书认为，基本医疗保险通过影响家庭可持续生计，最终影响到生计结果。具体而言，可能存在两条作用路径。

第一，基本医疗保险的直接效应。直接效应表现为基本医疗保险制度对家庭贫困状况直接产生影响。一方面，基本医疗保险能够在发生医药费用支出时，通过报销的方式对家庭进行补偿，因此能够直接影响到家庭收入、家庭消费支出等因素（Wagstaff et al.，2009；龙玉其等，2020）。另一方面，基本医疗保险能够对就医行为产生引导作用，能够提升家庭成员的健康状况。基本医疗保险的报销制度，在一定程度上提升了参保人员进行治疗的积极性，部分消除了去医院检查看病的后顾之忧，防止由于贻误检查治疗时间而进一步损害身体健康，防止“小病拖成大病”的情况（詹鹏等，2021；Pan et al.，2016）。

第二，生计资本和生计策略的间接效应。生计资本是家庭生计活动的基础，也是贫困状况的重要影响因素。基本医疗保险能够对家庭成员健康水平产生影响，生计资本很可能在基本医疗保险减贫过程中产生间接效应。在中国情景的研究中，生计策略多以当地的生计活动类型为基础（胡江霞、于永娟，2021；Finkelstein，2007；Eggleston et al.，2008）。农村家庭的主要问题是生计单一，一般从事传统的农业生产，很容易陷入贫困（和萍，2019）。生计多样化指的是构建多元化的生计活动方式和社会支持能力，目标是分散风险和减少脆弱性（孙晗霖等，2019；Martin & Lorenzen，2016）。基本医疗保障制度通过对因病致贫家庭提供保障（章文光等，2021），在一定程度上减少其后顾之忧，能够推动生计策略的多样化，进而实现减贫的目标。

第二节　立论依据和研究假设

一　基本医疗保险与贫困状况

为什么基本医疗保险能够影响贫困的状况？本书认为基本医疗保险能够直接降低医药费用支出，有效防止因病返贫，提高参保居民的生计能力、生计活动的效率。同时为参保家庭提供兜底性医疗保障，降低贫困脆弱性。从理论上讲，基本医疗保险减少贫困状况，体现在三个方面。

第一，因为报销制度能够直接降低医药费用支出，影响家庭支出。医疗保险能够在发生医疗费用的时候，按照既定的政策规定保险，直接减少参保居民自付医药费用的比例（万广华等，2014；Finkelstein，2007）。从非医疗消费的角度看，灾难性的医药费用支出对于其他消费支出和投资的影响巨大（林万龙、刘竹君，2021），会严重挤压教育投资、金融投资以及其他长远发展计划（You & Kobayashi，2009）。对于贫困家庭而言，如果没有基本医疗保险提供一定的补偿作用，大额的医药费用支出极大概率会消耗家庭有限的储蓄和其他资产，造成深度贫困的发生。

第二，医疗保险提供兜底性保障，降低贫困脆弱性。集中连片地区的脱贫攻坚，核心的原则是通过扶贫政策降低区域的贫困脆弱性（黄薇，2019）。基本医疗保险通过个人积累和财政补贴两种资金的积累方式，为参保家庭在面对意外疾病风险冲击时提供了相对可靠的医疗资源保障，有效降低了其贫困脆弱性（Lei & Li，2009；Pan et al.，2016）。尤其是在中国对于贫困户的精准扶贫当中，建档立卡贫困人口全部纳入了基本医疗保险的保障范畴，与此同时，通过财政定额补贴政策对建档立卡贫困户实施专项补贴（叶慧、刘玢彤，2020；余达淮、王世泰，2020）。

第三，基本医疗保险为提升居民生计活动的效率。基本医疗保险有利于保障家庭生计活动的质量和效率，通过促进家庭生产能力的提高实现减贫。事实上，家庭成员罹患疾病会带来一系列的连锁反应，严重影响生产经营等生计活动，对于家庭消费和支出带来多种形式的影响（徐俪筝等，2019；Chen et al.，2017）。家庭劳动成员患病将直接影响家庭的生计活动，导致其生产效率下降，进而影响到家庭整体的创收能力和福利水平（左停、徐小言，2017；Jensen et al.，2020）。基于上述三个方面的理由，本书提出以下研究假设：

研究假设 H1：基本医疗保险对贫困程度具有显著的负向影响。

H1.1：基本医疗保险参保对家庭收入具有显著的正向影响；

H1.2：基本医疗保险参保对消费支出具有显著的正向影响；

H1.3：基本医疗保险参保对贫困发生率具有显著的负向影响；

H1.4：基本医疗保险参保和贫困程度降低之间存在因果联系。

二 基本医疗保险减贫的异质性

异质性是政策效应研究不可忽视的内在规律，异质性表现为同样的制度安排，对于不同的社会群体会产生不同的影响。本书分别使用年龄、城乡家庭、医保类型以及家庭收入分层等标准进行分组，探讨基本医疗保险减贫效应的异质性影响。

在年龄方面，基本医疗保险的减贫效应对于不同年龄阶段的群体存在差异，老年人对于医疗服务资源的使用频率要显著地比中青年人群高，基本医疗保险很大程度上提高了医疗卫生服务的可负担性，降低了医药卫生支出费用，有效地提高了老年人的健康水平。医疗费用支出存在较为明显的年龄效应，即中老年人的健康水平较差，因此医药费用支出较多（封进等，2015；赵忠，2006；Li & Zhang，2013）。从这一角度出发，老年人接受医药卫生服务的概率更高，因此使用基本医疗保险的频率也更高。基本医疗保险通过有效降低医药费用支出，能够缓解家庭贫困状况，对老年人的效果更加显著。

在城乡家庭方面，基本医疗保险的减贫效应在城镇和农村之间存在差异。一般意义上，农村家庭的生计活动可能是农业型和非农业型，以及两者的混合，对物质资本和自然资本的依赖程度较高。对于城镇家庭而言，生计策略主要体现为单纯的职工收入，或者是个体私营企业等类型，对人力资本、金融资本和社会资本的依赖程度较高。因此，基本医疗保险的减贫效应可能在农村家庭和城镇家庭之间存在显著的区别，有必要通过城乡分组进行医保减贫效应的异质性检验。

在医保类型方面，医保的缴费和保障水平均存在较大差异，因此其减贫效应很可能存在异质性。三类不同的基本医疗保险制度在覆盖人群、参保形式、筹资方式、缴费基础、费用分担以及缴费水平等方面存在十分明显的差异（潘文轩，2018；马超等，2021；龙玉其等，2020）。在覆盖基数方面，新型农村合作医疗覆盖的人口规模最大。从参保形式的角度看，分为自愿参与和强制参与两种（林闽钢，2020；Finkelstein，2007）。

在家庭收入分层方面，医保的减贫效应在不同收入分层的家庭方面存在差异。基本医疗保险对于一般贫困家庭和极端贫困家庭的减贫效应很可能存在差异，一方面，极端贫困家庭对基本医疗保险的需求更加迫切，在参保行为和就医行为等维度和普通家庭会有显著的区别（Deng et al.，2020；Datt G.，2019）。另一方面，收入相对较高的家庭很可能在基本医疗保险制度体系之外获取医疗保障服务，比如购买商业健康保险、投保大病保险，等等（Alkire & Santos，2014）。因此，有必要依据家庭收入划分不同的家庭类型，探讨基本医疗保险减贫效应的异质性影响。依据上述理论分析，本书对基本医疗保险减贫的异质性提出以下研究假设：

研究假设 H2：基本医疗保险的减贫效应存在异质性。

H2.1：基本医疗保险的减贫效应对于不同年龄的参保群体存在差异；

H2.2：基本医疗保险的减贫效应在城乡家庭之间存在差异；

H2.3：不同类型的基本医疗保险减贫效应存在差异。

H2.4：基本医疗保险的减贫效应在不同收入水平的家庭方面存在差异。

三　基本医疗保险减贫的机理分析

基于可持续生计理论框架，健康人力资本和生计策略能够对贫困状况产生显著的影响。从这一理论要点出发，基本医疗保险减贫效应的发挥，很可能和生计资本和生计策略密切相关。

从生计资本的角度看，基本医疗保险能够影响生计资本的存量和增量，并最终影响到贫困程度，具体而言，对于人力资本来说，健康状况良好才有可能从事相应的生计活动，获得收入进而提高家庭的收入水平和福利水平。家庭劳动成员患病将直接影响家庭的生计活动，导致其生产效率下降，进而影响到家庭整体的创收能力和福利水平（樊士德、金童谣，2021；吕光明等，2021）。基本医疗保险能够引导参加科学就医，提升参保群体的健康水平（方航等，2021；Kuang et al.，2020）。“有病不医”的现象比较普遍，由此带来了潜在的健康风险，导致“小病拖成大病”（Finkelstein，2007；You & Kobayashi，2009）。基本医疗保险的报销制度，在一定程度上提升了参保人员进行治疗的积极性，部分消除了去医院检查看病的后顾之忧，防止由于贻误检查治疗时间而进一步损害身体健康（Wagstaff et al.，2009）。由于基本医疗保险制度的存在，贫困户有一定的心理预期，能够在患病治疗支出中得到基本医疗保险的一定比例报销和补偿（黄国武等，2018）。基本医疗保险制度的存在一定程度上减轻了居民就医的后顾之忧，能够有效促进农村居民的科学就医行为，发生疾病及时就医和治疗，有效提升健康人力资本。

对于金融资本来说，金融资本是家庭生计活动中与金融资产相关的要素，家庭成员罹患疾病以及接受医疗卫生服务，不可避免地会产生大量的资金消耗，影响家庭金融资本（董克用，2019）。如果患病家庭成员参保了基本医疗保险，则能够在一定程度上减少对于家庭金融资产的影响。一方面，基本医疗保险降低了医药费用支出，进而直接减少了对于家庭现金和储蓄的消耗（徐俪筝等，2019；Chen et al.，2017）。医保报销能够有效降低自付的医药费用总额，一定程度上减少对家庭储蓄的冲击（周坚等，2019；Fan et al.，2021）。另一方面，灾难性的医药费用支出对于家庭金融资本积累以及其他长远发展计划会产生显著的负面影响。对于贫困家庭而言，如果没有基本医疗保险提供一定的补偿作用，大额的医药费用支出极大概率会消耗家庭有限的储蓄和现金，造成深度贫困的发生。

对于物质资本和自然资本来说，物质资本和自然资本更多地体现为一种存量，即家庭的固定资产，比如房屋、土地和机械设备，等等（何仁伟，2018；Paker et al.，2008）。自然资本是家庭生计活动的起点和基础，生产生活的各个环节都和自然资本直接或者间接相关（Martin & Lorenzen，2016）。在特定的情况下，家庭很可能会为了治病就医变卖资产以期获得现金支付医药费用（Guerry et al.，2015；Schaefer & Goldman，2015）。如果有医疗保险，则可以覆盖一部分医药费用支出，降低了家庭出售固定资产的可能性。因此，从这个角度看，物质资本和自然资本很可能在医保减贫的过程中起到中介作用。

对于社会资本来说，社会网络的支持和联系在一定程度上能够降低家庭的贫困程度，人际关系网络中对特定社会个体带来社会支持。家庭生计要实现多样化和可持续性，要充分利用社会资本的财富效应（Lynne et al.，2015；Guerry et al.，2015）。中国农村家庭的社会资本，主要表现为基于同乡、同族和同姓等要素形成的社会联系（马铮，2021；彭文慧、王动，2020）。在外出务工群体中的老乡会、同学会等非正式组织，能够提供非农的就业务工机会。基于社会资本形成的专业性协会、互助组织和农村生产合作社等，有利于贫困家庭形成生计联合体提升抗风险能力，有效降低贫困脆弱性，进而实现减贫的目标（陈思等，2021；Van Rijn & Burger，2012）。健康的身体有助于提升社会交往和社会联系的效能，提升社会资本的水平，进而有助于增加家庭收入。

从生计策略的角度看，多样化生计策略指的是同时从事多种类型的生计活动，以便提高家庭收入和抗风险能力。与单一化生计策略相反，多样化生计策略是家庭基于不同类型的生计资本，从多个不同的方面开展生产经营活动。多样化的生计策略也能够有效实现减贫的目标，比单纯依靠工资收入的家庭更容易实现脱贫的目标（Li et al.，2020；Preiser et al.，2018；Lynne et al.，2015）。基于上述理论分析，本书对于基本医疗保险的减贫机理提出以下研究假设：

研究假设 H3：生计资本和生计策略在基本医疗保险减贫的过程中发挥了中介作用和调节作用。

H3.1：基本医疗保险减贫，人力资本发挥了部分中介作用。

H3.2：基本医疗保险减贫，金融资本发挥了部分中介作用；

H3.3：基本医疗保险减贫，物质资本发挥了部分中介作用；

H3.4：基本医疗保险减贫，自然资本发挥了部分中介作用；

H3.5：基本医疗保险减贫，社会资本发挥了部分中介作用；

H3.6：基本医疗保险减贫，生计策略多样化起到了调节作用。

第四章

研究设计

本章主要介绍研究设计，主要包括基本医疗保险的测量、贫困程度的测量指标以及生计资本和生计策略的测量。对中国家庭追踪调查面板数据的抽样设计、数据特点和样本覆盖情况进行分析，并进一步介绍本书所使用的研究方法。

第一节　变量定义与测量

一　基本医疗保险

基本医疗保险是本书主要关注的自变量，旨在探讨基本医疗保险如何影响家庭的贫困状况。不同类型的基本医疗保险具有不同的保障作用，对于家庭收入和福利的影响也存在较大的区别（王文略等，2015；胡江霞、于永娟，2021；Cheng et al.，2015）。本书从是否参保和参保类型两个维度对基本医疗保险制度进行测量。

第一，是否参保。主要是比较参加基本医疗保险和未参加基本医疗保险两类群体，通过虚拟变量的方式进行统计建模。如果参加了基本医疗保险，则赋值为1。如果未参加基本医疗保险，则赋值为0。

第二，参保类型。参保类型是一个分类变量，在中国家庭追踪调查的数据库中有关医疗保险的原始题项一共有五个，分别是“公费医疗”“城镇职工基本医疗保险”“城镇居民基本医疗保险”“补充医疗保险”“新型农村合作医疗”。本书通过数据编码仅保留城镇职工基本医疗保险、城镇居民基本医疗保险和新型农村合作医疗三项，主要是因为中国目前的基本医疗保险制度的主体构成是上述三种医保类型，补充医疗保险和公费医疗是整个医疗保险制度的补充（彭浩然、岳经纶，2020；仇雨临，2019）。除此之外，由于公费医疗和补充医疗保险在中国的总体覆盖比率较低，表现在数据库中涉及的样本量很少，因此从统计建模的角度看也可以删除。因此本书的研究主要保留了以下三种类型的医疗保险，分别是城镇职工基本医疗保险、城镇居民基本医疗保险和新型农村合作医疗。

二　贫困状况

本书旨在探讨基本医疗保险对贫困的影响，因此贫困状况是本书核心因变量。以汪三贵等（2020）和李棉管等（2020）的研究为基础，本书提出了一项家庭贫困的测量指标体系，具体参见表4－1。

表4－1　　贫困程度的测量指标

维度	测量指标	模型应用
家庭收入	人均可支配收入	家庭人均可支配收入的实际数额，对数化后作为模型因变量
家庭消费	家庭年人均支出	家庭消费直接测量福利水平，将实际消费额对数化后作为因变量
贫困发生率	依据相对收入贫困线划定	家庭收入低于相对收入贫困线，记为1，否则记为0

资料来源：笔者绘制。

本书构建的家庭贫困指标主要包括三个维度。

第一，家庭收入。家庭收入是绝对贫困指标和相对评价指标都不可忽视的关键维度。一般而言，相关研究使用家庭人均纯收入与相对收入贫困线进行比较。以相对收入贫困线进行家庭收入剥夺临界值的划分，是学术界通行的做法，区别在于相对收入贫困线的确定（汪三贵、孙俊娜，2021；李棉管、岳经纶，2020；Alkire & Fang，2019）。中国家庭追踪调查数据库提供了非常丰富的家庭收入变量，包含了工资收入、奖金收入、绩效补贴等不同的范围，并根据一定的方法对各项收入进行了核查比较。此外，对于农村家庭的收入还进行了细致的收入调整，并且提供了调整之后的家庭收入变量。为什么农村家庭收入需要进行调整？这个涉及农村家庭收入的特点。大部分农村居民没有固定的工作，因此售卖家禽、粮食和水果蔬菜等是其重要的生计来源。中国家庭追踪调查数据库，通过相关的变量对这部分收入进行了加总，最后调整到农村家庭收入的总额当中，比较全面地测量了农村家庭的实际年收入。关于家庭收入的调整办法，具体参见《中国家庭追踪调查收入消费支出数据整理方法》（技术报告系列：CFPS－15）。

第二，家庭消费。家庭的生计活动和福利获取，都离不开家庭消费和支出。在很大程度上，家庭消费的水平直接决定了生活品质，决定了家庭总体福利水平（李棉管、岳经纶，2020）。因此，本书同时选用家庭消费的相关指标作为模型估计的因变量。在具体的变量操作化中，将家庭消费指标对数化后进入模型作为因变量进行系数估计。为了便于模型估计系数的解释，同时保留了家庭消费的实际值作为因变量。本书同时报告对数化的因变量和实际值的因变量。

第三，贫困发生率。通过特定的标准来界定贫困家庭和非贫困家庭，是目前贫困治理研究的一个比较成熟的做法。常用的标准有收入指标、消费指标和多维度贫困指标等（汪三贵、孙俊娜，2021；Alkire & Fang，2019；Alkire et al.，2015）。本书依据相对收入贫困线，可以将低于标准的家庭界定为贫困家庭，将高于相对收入贫困线的家庭定义为非贫困家庭，由此可以计算出贫困发生率。并以贫困发生率作为因变量，基于 logit 模型探讨基本医疗保险的减贫效应。

三　生计资本与生计策略

依据相关文献和理论基础，本书主要采用以下指标对家庭生计资本进行测量，具体参见表4－2。

表4－2　生计资本的测量题项

生计资本	测量题项
自然资本	指标1：家庭拥有土地的市场价值（单位：元） 指标2：家庭拥有的耕地/林地/草地等的面积（单位：亩）
物质资本	指标1：居住房屋类型 指标2：现住房面积（平方米）
金融资本	指标1：家庭金融资产的市场价值（股票、基金、理财产品等） 指标2：家庭现金和存款总额（单位：元）
人力资本	指标1：家庭人均受教育年限 指标2：家庭成年劳动力人口数量
社会资本	指标1：能否从亲戚朋友处借到钱 指标2：家中是否有村干部或退伍军人

资料来源：笔者绘制。

在自然资本方面，本书使用两个指标进行测量，分别是家庭拥有土地的市场价值，以及家庭拥有的耕地/林地/草地等的面积。自然资本是土地及其产出，包括耕地、林地、野生动物和食物、生物多样性等（汤青，2015）。自然资本是家庭生计活动的起点和基础，生产生活的各个环节都和自然资本直接或者间接相关，对于家庭生计和民生福祉具有十分显著的影响（Li et al.，2020；Griggs et al.，2013）。土地作为一种重要的生产资料，是自然资本的主要表现形式。由于不同地域和自然条件下，土地的价值是不一样的，土地面积能很好地反映土地作为一种生产资料的属性，因此本书主要选择了土地的市场价值和面积，作为家庭自然资本的测量。

在物质资本方面，本书采用居住房屋的类型和现住房面积两个指标进行测量。在调查问卷的基础上，具体的编码规则是 1 代表单元房，2 代表平房，3 代表四合院，4 代表别墅，5 代表联排别墅，6 代表小楼房，数字越大表明物质资本条件越好。房屋结构、房屋面积、饲养牲畜的数量、农作物的产量、交通运输工具、农用机械等生产资料是物质资本的重要构成要素（黎洁等，2009）。物质资本和自然资本有一定的区别，主要体现在物质资本是以人的生产和生活为核心，比如房屋、牲畜、交通工具和农业机械等。而自然资本主要是以农业生产活动为核心，比如土壤、灌溉等（黄建伟，2013；Nilsson et al.，2016）。

在金融资本方面，本书分别选择了家庭金融资产的市场价值以及家庭现金和存款总额两个指标进行测量。这里的金融资产包括家庭储蓄、股票、期权、基金、理财产品等类型，使用市场价值进行衡量能够比较全面地涵盖不同类型金融资产的基本情况，便于进行汇总的计算和比较。金融资本主要包括家庭收入水平、收入的多样化程度、家庭负债程度、金融贷款服务的可获得性、家庭储蓄额度和退休金等方面。对于金融资本而言，贫困状况的家庭往往缺乏相应的金融资本储备，由于无法提供担保，因此也无法获得金融机构的贷款帮助（汤青，2015）。除此之外，家庭现金和储蓄在很大程度上影响着家庭福利水平，因此可以作为金融资本的测量指标。

在人力资本方面，本书使用家庭人均受教育年限和家庭成年劳动力人口数量两个指标进行测量。中国家庭追踪调查数据库每一年均提供了受访者的具体受教育年限，数据丰富且测量准确。家庭劳动力、家庭成员受教育程度和家庭成员健康等测量指标得到了诸多研究的支持（韩华为等，2018；Levin et al.，2013）。因此在探讨家庭可持续生计的相关问题时，教育程度受到了较多的关注，在一些研究中也直接用受教育程度作为家庭人力资本的主要指标（苏芳等，2015；Yang et al.，2017；Donohue et al.，2015）。

在社会资本方面，本书使用两个虚拟变量进行测量，一是能否从亲戚朋友处借到钱，二是家中是否有村干部或退伍军人。原始题项为“去年全年，您家通过亲戚/朋友借款的总额是多少（元）”，本书进行了编码转化，1 表示能够借到钱，0 表示不能借到钱。这里存在一个问题，能否借到钱是否能够测量家庭的社会资本？笔者认为答案是肯定的，相关研究也给出了肯定的答案。社会资本主要是和人际关系网络联系在一起，主要的测量指标有春节期间拜年的亲朋数量、能够借钱的亲朋数量、亲人朋友聚餐的频率、是否参加行业专业协会以及家中是否有村干部或退伍军人等（Lynne et al.，2015；Guerry et al.，2015）。社会资本指的是人际关系网络中对特定社会个体带来的社会支持。在中国的文化场景下，春节期间拜年的亲朋好友数量以及能够借钱的亲朋数量是社会资本的主要测量指标（李树茁等，2021）。除此之外，如果家庭成员中有村干部或者退伍军人，在一定程度上意味着家庭拥有更加丰富多元的社会网络和社会联系（李聪等，2014），因此，家中是否有村干部或退伍军人能够作为社会资本的测量指标。

本书对于家庭生计资本的测量综合使用了两个指标，主要基于以下两点考虑：第一，两个指标能够客观有效地反映生计资本的状况。生计资本有多种不同的测量方式，和单一测量指标相比，使用两个或者多个指标能够比较全面地衡量生计资本各个层面的相关信息（何仁伟等，2017；Guerry et al.，2015；苏芳等，2015）。本书在数据库变量支持的情况下，选择了具有较强共识的测量指标作为生计资本的测量。第二，数据库变量的客观限制。中国家庭追踪调查虽然是以家庭为主要对象的大样本长时段的跟踪调查，但是每年的调查问卷是存在一定变化的，因此并不是所有的变量每年都会测量。为了尽可能地保障获取一个平衡的面板数据，需避免因为测量题项导致样本大量丢失。

在生计策略方面，生计策略是家庭生产方式的概括，体现了对于生计资本的利用，同时也是连接生计资本和生计结果的中间环节。依据前述文献回顾，生计策略有不同的分类方式。比如从资本投入的角度可以分为生存型生计策略和发展型生计策略（何仁伟等，2017；胡晗等，2018；Martin & Lorenzen，2016）。从时间分配的角度可以分为农业型生计策略和兼业型生计策略（黎洁等，2009；李树茁等，2010；Donohue et al.，2015；Fang et al.，2018）。从风险冲击的角度可以分为单一型生计策略和符合型生计策略（苏芳等，2020；孙凤芝等，2020；Guo et al.，2019；Kareiva et al.，2015）。综合上述分析可以发现，生计策略的分类主要是针对农村家庭的。参照苏芳等（2020）的相关研究，本书将家庭的生计策略分为两种：第一，多样化生计策略。多样化生计策略能够有效地提升家庭的抗风险能力，降低其贫困脆弱性，对于形成良好的生计结果具有十分重要的意义（杨晶等，2019；Guo et al.，2019；Kareiva et al.，2015）。第二，单一化生计策略。单一化生计策略指的是仅仅采用一种方式进行生计活动。比如单纯进行农林牧渔业，或者单纯从事个体私营业等。通过对集中连片特困地区家庭生产策略的分析发现，单纯从事农业生产或者是单纯从事个体私营业的农户，其收入不稳定性较强。在具体的测量方面，本书主要通过中国家庭追踪调查的两个关键题项进行判定。家庭问卷中的题项一“是否从事农林牧副渔工作”，题项二“是否有家庭成员从事个体私营业”。这两个测量题项具有很好的测量稳定性和一致性，在2010—2018年的每一次调查都使用了同样的问项和编码方式。以这两个测量题项为基础，本书将单纯从事农林牧副渔业或者单纯从事个体私营业的家庭编码为0，表示单一型生计策略。将同时从事农林牧副渔和个体私营业的家庭编码为1，表示多样型生计策略。

第二节　数据来源与样本情况

一　数据库基本情况

本书以中国家庭追踪调查2010—2018年的原始数据为基

础，构建了一个涵盖个体和家庭两个层次信息，时间跨度为8年，一共5期的大样本平衡面板数据，作为本书统计建模的基础数据。

中国家庭追踪调查（China Family Panel Studies，CFPS）是由北京大学组织实施的全国性调查，调查采用计算机辅助调查技术，目的是通过收集村居、家庭和个体三个层面的数据，反映中国社会、人口和家庭的变迁。调查数据库涵盖村居样本、家庭样本、成人样本和儿童样本，在常规的人口学变量之外，调查还包括了家庭经济和资产状况、家庭成员就业和收入情况、身体健康状况、人口迁移、公共服务情况等方面的变量。在调查时间方面，CFPS具体的调查年份分别是2010年、2012年、2014年、2016年和2018年，其中村居调查每四年进行一次，调查年份为2010年、2014年和2018年。家庭和成人调查每两年进行一次。2010年为基线调查，CFPS基线调查数据库涵盖了全国25个省、自治区和直辖市，包括635个村居、14798个家庭、33600个成人以及8990个儿童。2012年为第一轮追踪调查，2014年为第二轮追踪调查，2016年为第三轮追踪调查，2018年为第四轮追踪调查。截至2021年6月19日，CFPS数据库公开发布了2010年、2012年、2014年、2016年和2018年共5期数据。

需要特别指出的是，基于研究伦理和隐私保护的需要，CFPS数据库仅公布了所有家庭样本和成人样本的省一级地理信息代码。更细致层面的地级市和区县代码做了随机化处理。仅利用公开数据，研究者无法与地级市或区县层面的其他数据进行匹配。基于本书的研究目的，对数据库进行了细致的清理和检查，并且将数据整理成面板数据，时间跨度为2010—2018年。关于数据库样本情况报告，参见表4－3。

表4－3　　　中国家庭追踪调查（CFPS）历年调查执行情况

调查年份	村居样本量（人）	家庭样本量（人）	成人样本量（人）	备注
2010	635	14798	33600	基线调查
2012	—	13315	35720	第二轮，含新进样本
2014	621	13946	37147	第三轮，含新进样本
2016	—	14019	36892	第四轮，含新进样本
2018	912	14218	37354	第五轮，含新进样本

资料来源：笔者根据 CFPS 数据库技术报告绘制。

CFPS 家庭调查每两年进行一次，村居调查每四年进行一次。2010 年基线调查，CFPS 数据库涵盖了 635 个村居，涉及 14798 个家庭，包括 33600 个成年个体。2012 年是数据库进行的第二轮全国调查，是第一次追踪调查，包括了 13315 个家庭和 35720 个成年人。2014 年是第三轮全国调查，同时是第二次追踪调查，包括 621 个村居，14019 个家庭以及 36892 个成年个体。2016 年进行了第四轮全国调查，同时是第三次追踪调查，涉及 14019 个家庭、36892 个成年人。样本家庭数量较 2014 年全国调查有了增长，主要原因是追踪样本流失较大，为了保证数据库的样本量，2016 年增加了较多新进的样本家庭。2018 年是第五轮全国调查，同时是第四次追踪调查，数据库涵盖了 912 个村居、14218 个家庭以及 37354 个成年人。

相较于其他相关微观调查数据库，中国家庭追踪调查具有突出的优势，契合本书的研究议题。关于中国家庭和个体的调查数据库非常丰富，为学术研究提供了诸多数据来源。关于常用微观调查数据库的差异比较，参见表 4－4。

表4－4　中国家庭追踪调查数据库和常用微观数据库的比较

	中国家庭追踪调查（CFPS）	中国综合社会调查（CGSS）	中国家庭金融调查（CHFS）	中国健康与养老追踪调查（CHRLS）
面板数据	√	X	X	√
家庭数据	√	√	√	√
成人数据	√	√	√	√
计算机辅助	√	X	X	√
抽样方式	分层多阶段	分层多阶段	分层多阶段	分层多阶段
核心主题	家庭相关主题	个体情况	家庭金融资产	45岁及以上人口健康

资料来源：笔者绘制。

从各个微观调查数据库的综合情况来看，中国综合社会调查（CGSS）是由中国人民大学负责实施的，自2003年起每年进行一次，主要是调查中国公民的教育、就业、收入、价值观和态度等主题。中国家庭金融调查（CHFS）是由西南财经大学负责组织实施，关注的是家庭的住房资产与收入消费等议题。中国健康与养老追踪调查（CHRLS）是由北京大学负责组织实施，调查对象限定为中国45岁及以上中老年人，核心议题是中老年人的健康和养老状况。2011年是基线调查，公开的数据有2013年、2015年和2018年，是一个以45岁及以上中老年人为核心的家庭和个体面板数据库。具体可以从以下四个方面对相关数据库进行比较。

第一，从面板数据库的角度看，上述四个公开的微观调查数据库中，CFPS和CHRLS是面板数据。而CGSS和CHFS是连续调查的截面数据，虽然有时间维度的连续性，但是由于每年的调查对象是变化的，所以无法构成面板数据。第二，从家庭数据的收集来看，CFPS收集了完整的家庭结构、家庭资产和收入以及家庭生计等诸多方面的数据。CGSS针对家庭信息的收集相对比较有效，主要集中在人口学变量等方面。CHFS对于家庭金融资产的信息收集十分全面，但是家庭结构、家庭成员、家庭关系以及家庭生计等方面的信息十分有限。CHRL 主要关注家庭健康和养老等方面的信息，主要集中在家庭饮食行为、家庭健康行为和养老服务等方面。第三，从成人数据收集的角度看，CFPS、CGSS 和 CHFS 都收集了完整的成人数据，CHRLS 将成人调查对象限定为 45 岁及以上的中老年人。第四，从抽样方式和调查技术的角度看，上述四个数据库均使用了分层多阶段的抽样调查技术，具有较好的样本代表性。

总结来看，通过对比分析可以发现，CFPS 数据库比较契合本书的研究问题，主要体现在如下三个方面：第一，大样本量的长时段面板数据。CFPS 数据提供了 8 年的连续追踪面板数据，能够从长时段的视角观察家庭的变迁。尤其是对于研究家庭生计情况的时序变迁和影响因素来说，面板数据提供了全方位的信息。第二，计算机辅助访问技术确保数据质量。使用计算机系统辅助问卷调查，能够最大限度地减少访问员对于调查质量的干扰。计算机系统能够产生录音、录像、填答时间和地理信息等全面的数据，能够有效保障信息收集的质量。第三，村居问卷、家庭问卷和成人问卷的结合，全面测量了家庭生计情况。CFPS 收集了村居、家庭和个体三个层面的数据，通过统计技术手段能够完整勾勒出村居结构、家庭生计和人口流动等诸多层面的信息，为研究家庭生计问题提供足够的信息支撑。

以中国家庭追踪调查的数据为基础，本书进行了相应的数据处理，获得了一个包含个体信息和家庭信息的大样本平衡面板数据库。获得大样本平衡面板数据主要有以下两个步骤。

第一，通过个体代码和家庭代码获得追踪样本。截至 2021 年 7 月，中国家庭追踪调查一共公开发布了 2010 年、2012 年、2014 年、2016 年和 2018 年的数据。这些数据都是按照年份分组，并进一步区分为成人数据和家庭数据，形式上是以调查年份分类的截面数据。实际上，通过识别被调查者的代码，可以通过数据处理获得一个长时间段的平衡面板。本书从数据库中抽取了个体身份代码和家庭代码，由于个体代码和家庭代码的唯一性，因此可以将追踪流失的样本删除，进而得到一个大样本的平衡面板。

第二，以家庭代码为基准，将成人个体数据与家庭数据合并，得到一个涵盖个体信息和家庭信息的数据库。在实际的调查过程中，中国家庭追踪调查使用“T 表”构建了完整的家庭关系信息。但是在实际的数据发布中，中国家庭追踪调查的项目实施管理方（北京大学中国社会科学调查中心）将数据库按照年份分组，成人数据库、家庭数据库以及儿童数据库是单独发布的。本书以家庭代码为基准，对数据库进行了相应的合并和处理，进而获得一个涵盖个体信息和家庭信息的数据库。

二 抽样设计与样本代表性

在抽样方法方面，中国家庭追踪调查的多阶段随机抽样方式，保证了样本具有很强的全国代表性。中国家庭追踪调查 2010 年基线调查样本覆盖了全国 25 个省、自治区和直辖市，数据库具有全国代表性。关于中国家庭追踪调查的抽样设计，参见表 4 – 5。

表 4 – 5 中国家庭追踪调查抽样设计的省份分类

类型	省份
一类省市（自我代表省市，即“大省”）	上海、广东、河南、甘肃、辽宁
二类省市（非自我代表省市，即“小省”）	江苏、山西、吉林、湖南、黑龙江、浙江、广西、湖北、福建、江西、安徽、山东、河北、四川、云南、天津、北京、贵州、重庆、陕西

资料来源：《中国家庭追踪调查抽样设计》（技术报告系列：CFPS – 1）。

进一步来看，通过采用内隐分层方法抽取多阶段概率样本（implicit stratification multi – stage probability sample）的抽样方法，

进一步确保了家庭样本的代表性（谢宇等，2012）。具体而言，家庭抽样分为三个阶段：第一阶段，确定调查省份。通过官方的行政区划资料，按照内隐分层的原则，将省级单位分成“大省”和“小省”，确定不同的目标样本量。上海由于其特殊的地位，因此也被当作“大省”处理。第二阶段，抽取调查城市。省会城市作为第一个内隐分层被挑选出来，其他地级市按照社会经济地位（SES）的排序，以及地方人均GDP、人口密度以及非农人口的比例进行判断。第三阶段，抽取调查社区村居。社区村居的抽取，依据地理信息系统绘制的住户列表抽样框，按照随机起点等距循环抽样的方式，抽取家庭样本，每个村居或者社区抽取25户家庭。

在样本量方面，数据库样本量大，追踪样本和每年的新加入样本并存。为了保证中国家庭追踪调查数据库在较长的最终时候还有足够的样本，项目组每年会根据样本流失的情况补充新的样本，因此每一期数据既有基线调查样本，也有新进样本（谢宇等，2014）。通过这种方式，一方面能够保证基线成员能够被稳定的追踪，为研究中国家庭的时序变迁提供丰富翔实的数据资料。另一方面，追踪调查不可避免地会存在样本流失的情况，这是一项国际共识（谢宇等，2014）。因此，为了保证在一个较长的时间段之后，数据库仍然能够提供较为翔实的家庭样本数据，中国家庭追踪调查每年都会补充新的样本，并在下一年度持续追踪。正是基于这一点，中国家庭追踪调查的原始数据库，实际上是截面样本和追踪样本混合的。为了数据管理的可靠性，项目组发布数据是按照年份发布的。由此可见，基于公开的混合样本原始数据获取一个纯净的平衡面板，需要进行较大工作量的数据处理。在数据库类型方面，主要有成人数据库、家庭数据库、村居数据库和儿童代答数据库四种类型。本书通过对数据的描述性分析，绘制了历年截面调查中成人样本分布的情况，具体参见表4－6。

表4－6 CFPS成人数据库样本分布情况

（单位：人）

省份	2018年		2016年		2014年		2012年		2010年	
	农村	城市	农村	城市	农村	城市	农村	城市	农村	城市
北京	32	211	35	287	16	263	2	200	0	230
天津	79	134	76	148	83	140	94	134	93	132
河北	1095	838	1138	854	1159	781	1287	650	1081	656
山西	848	501	1064	514	1057	493	1066	496	1050	514
内蒙古	6	17	0	21	1	8	—	—	—	—
辽宁	1301	1358	1550	1531	1496	1611	1540	1495	1491	1638
吉林	278	254	263	389	254	342	232	344	288	403
黑龙江	221	681	278	683	304	775	285	760	288	905
上海	177	1642	294	1816	464	1756	486	1849	540	2622
江苏	157	445	226	553	201	532	234	508	208	438
浙江	280	436	293	448	270	397	272	320	230	241
安徽	214	422	293	482	285	463	349	389	235	308
福建	224	198	247	204	251	179	288	165	195	182
江西	448	241	512	248	442	182	568	180	457	137
山东	775	713	961	666	979	549	976	569	882	522
河南	1945	1735	2498	1763	2319	1923	2548	1784	2222	1510
湖北	145	323	183	381	170	340	192	334	188	426
湖南	276	598	334	715	268	602	578	424	455	501
广东	1213	1837	1550	2007	1361	1740	1719	1784	1285	1785
广西	394	308	502	334	450	283	513	171	520	149
海南	5	9	3	9	3	2	—	—	—	—
重庆	144	184	199	188	145	169	161	189	178	185
四川	1086	799	1077	921	900	786	856	792	1051	726

续表

省份	2018 年		2016 年		2014 年		2012 年		2010 年	
	农村	城市	农村	城市	农村	城市	农村	城市	农村	城市
贵州	676	320	851	395	611	316	864	368	776	277
云南	741	352	694	335	746	367	792	231	834	157
西藏	3	5	0	4	—	—	—	—	—	—
陕西	324	351	434	410	397	372	375	330	373	332
甘肃	2854	1191	3502	1177	3248	963	3831	747	3096	608
青海	2	8	2	2	—	—	0	1	—	—
宁夏	1	16	1	12	—	—	3	0	—	—
新疆	10	64	5	34	2	13	0	1	—	—
合计	15954	16191	19065	17531	17883	16349	20111	15215	18016	15584

资料来源：笔者绘制。

从样本总量来看，成人数据库的样本量巨大，调查样本数量每年稳定在 3 万人以上。2018 年，农村样本 15954 人，城市样本 16191 人。2016 年农村样本 19065 人，城市样本 17531 人。2014 年农村样本 17883 人，城市样本 16349 人。2012 年农村样本 20111 人，城市样本 15215 人。2010 年农村样本 18016 人，城市样本 15584 人。图 4 – 1 是截面样本在不同年份的城乡分布情况。

从样本抽样分布的角度看，在抽样设计当中五个主要的“大省”样本量相对较大。比如上海市 2018 年的成人样本中农村有 177 人，城市有 1642 人。2016 年农村有 294 人，城市有 1816 人。2014 年农村成人样本数量为 464 人，城市成人样本数量为 1756 人。2012 年农村成人样本数量为 486 人，城市成人样本数量为 1849 人。2010 年农村成人样本量为 540 人，城市成人样本量为 2622 人。辽宁省 2018 年农村成人样本量为 1301 人，城市成人样本量为 1358 人。2010 年农村成人样本量为 1491 人，城市成人样本量为

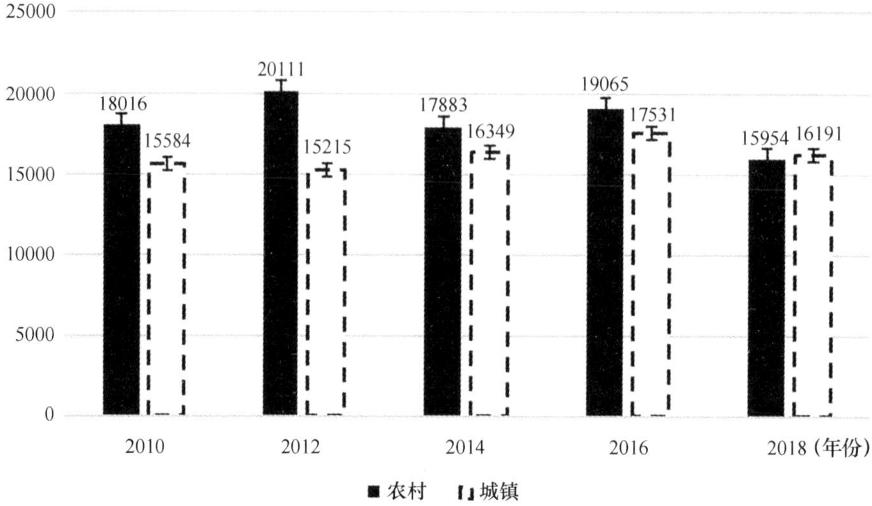

图4－1　CFPS成人数据库截面样本的时间分布和城乡分布

资料来源：笔者绘制。

1638人。

在抽样设计当中的“小省”，成人样本量相对较少。比如天津市作为抽样设计当中的“小省”，历次调查的样本量均较小。再如安徽省2018年农村样本量为214人，城市样本量为422人。2016年农村样本量为293人，城市样本量为482人。2014年农村样本量为285人，城市样本量为463人。2012年农村样本量为349人，城市样本量为389人。2010年农村样本量为235人，城市样本量为308人。

除此之外，还有一些省份在2010年基线调查时并没有覆盖，在后续的调查中逐步有了个别样本。比如内蒙古自治区在2010年基线调查和2012年的首轮追踪调查中均没有样本覆盖，在2014年一共有9个成人样本，在2016年调查时有21个成人样本，到2018年调查时有23个成人样本。

从样本城乡分布的角度看，东南沿海省份的城市样本居多，中西部省份的农村样本居多，样本分布情况符合中国城市化状况的实际，具有较好的全国代表性。比如江苏省的历次调查，城市样本均要比农村样本多300人左右。江苏省2018年农村样本量为157人，城市样本量为445人。再如江西省作为中部省份，城镇化率普遍较低，因此在调查样本中可以发现农村样本的数量是多于城市样本的。江西省2018年农村样本量为448人，城市样本量为241人。2016年农村样本量为512人，城市样本量为248人。2014年农村样本量为442人，城市样本量为182人。2012年农村样本量为568人，城市样本量为180人。

总结来看，从成人样本的省份分布和农村分布，可以发现调查数据库具有良好的全国代表性。实际上，成人样本是从家庭样本中抽取出来的，因此有必要对家庭样本进行深入细致的描述性分析。本书进一步绘制了历年截面调查中家庭样本的分布情况，具体参见表4－7。

表4－7　　CFPS家庭数据库样本分布情况　　（单位：户）

省份	2018年		2016年		2014年		2012年		2010年	
	农村	城市	农村	城市	农村	城市	农村	城市	农村	城市
北京	17	126	10	118	7	135	0	77	0	102
天津	31	68	27	71	30	65	28	53	29	62
河北	450	330	435	320	464	304	476	241	464	270
山西	373	225	384	201	390	192	373	182	416	233
内蒙古	0	9	0	6	0	4	—	—	—	—
辽宁	585	699	613	692	630	744	635	715	622	856
吉林	135	142	105	164	116	155	108	162	130	182
黑龙江	96	326	104	299	124	350	116	328	127	415
上海	80	755	125	766	185	824	205	814	239	1166
江苏	81	200	82	219	82	209	82	187	80	202

续表

省份	2018年		2016年		2014年		2012年		2010年	
	农村	城市	农村	城市	农村	城市	农村	城市	农村	城市
浙江	131	208	112	174	122	164	110	117	120	135
安徽	103	190	103	187	114	181	125	146	136	159
福建	105	78	99	74	107	66	99	51	84	78
江西	194	89	186	79	183	64	205	67	203	68
山东	374	331	397	285	410	243	418	252	418	253
河南	819	676	868	634	853	679	831	627	894	612
湖北	68	141	76	153	77	149	78	153	79	207
湖南	123	283	126	303	131	261	214	181	218	233
广东	539	874	503	780	574	715	534	644	610	784
广西	174	119	169	122	179	112	190	64	237	52
海南	1	6	2	5	1	3	—	—	—	—
重庆	78	83	82	75	65	78	71	78	75	103
四川	394	326	383	331	367	324	311	284	451	320
贵州	286	131	287	140	265	121	298	120	341	118
云南	265	136	241	127	270	121	279	83	324	61
西藏	1	3	0	1	—	—	—	—	—	—
陕西	149	162	155	166	164	162	148	139	157	136
甘肃	1089	496	1105	408	1132	357	1192	285	1240	297
青海	0	4	2	0	—	—	—	—	—	—
宁夏	0	5	0	3	0	2	—	—	—	—
新疆	3	31	1	14	0	5	—	—	—	—
合计	6744	7252	6782	6917	7042	6789	7126	6050	7694	7104

资料来源：笔者绘制。

从样本总量来看，中国家庭追踪调查覆盖了大量的家庭，调查家庭样本数量每年稳定在1.3万户以上。具体而言，2018年农村家庭样本6744户，城市样本7252户。2016年农村样本6782户，城市样本6917户。2014年农村样本7042户，城市样本6789户。2012年农村样本7126户，城市样本6050户。图4－2是中国家庭追踪调查截面样本中家庭数据库的时间分布和城乡分布。

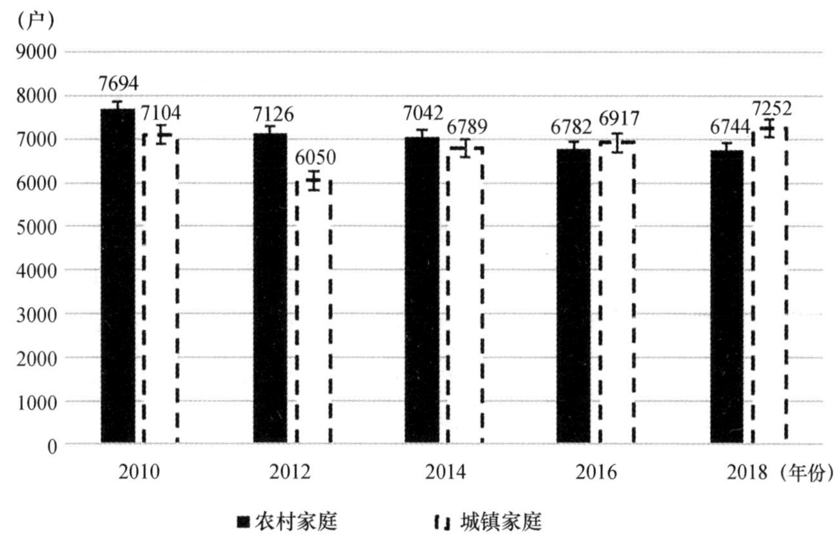

图4－2　CFPS家庭数据库截面样本的时间分布和城乡分布

资料来源：笔者绘制。

从家庭样本省份分布的角度看，在抽样设计当中五个主要的“大省”样本量相对较大。比如上海市2018年的家庭样本中农村有80户，城市有755户。2016年农村有125户，城市有766户。2014年农村家庭样本数量为185户，城市家庭样本数量为824户。2012年农村家庭样本数量为205户，城市家庭样本数量为814户。2010年农村家庭样本量为239户，城市家庭样本量为1166户。广东省2018年农村样本量为539户，城市样本量为874户。2016年农村样本量为503户，城市样本量为780户。2014年农村样本量为574

户，城市样本量为715户。2010年农村样本量为610户，城市样本量为784户。河南省2018年农村样本量为819户，城市样本量为676户。2016年农村样本量为868户，城市样本量为634户。2014年农村样本量为853户，城市样本量为679户。2012年农村样本量为831户，城市样本量为627户。2010年农村样本量为894户，城市样本量为612户。

与抽样设计的“大省”相比，其他在抽样设计当中的“小省”，家庭样本量相对较少。比如天津市作为抽样设计当中的“小省”，历次调查的样本量均较小。天津市2018年农村样本量为31户，城市样本量为68户。2016年农村样本量为27户，城市样本量为71户。2014年农村样本量为30户，城市样本量为65户。2012年农村样本量为28户，城市样本量为53户。2010年农村样本量为29户，城市样本量为62户。再如安徽省2018年农村样本量为103户，城市样本量为190户。2016年农村样本量为103户，城市样本量为187户。2014年农村样本量为114户，城市样本量为181户。2012年农村样本量为125户，城市样本量为146户。2010年农村样本量为136户，城市样本量为159户。一共有五个省级行政单位，在2010年基线调查时并未覆盖，在后续的调查中逐步加入。图4-3是中国家庭追踪调查数据库中抽样“大省”的家庭样本时间分布情况。

家庭样本的城乡分布，基本符合中国城市化进程水平的空间分布。从家庭样本城乡分布的角度看，东南沿海省份的城市样本居多，中西部省份的农村样本居多，样本分布情况符合中国城市化状况的实际，家庭样本具有较好的全国代表性。比如江苏省的历次调查，城市样本均要比农村样本多100户左右。江苏省2018年农村样本量为81户，城市样本量为200户。2016年农村样本量为82户，城市样本量为219户。2014年农村样本量为82户，城市样本量为209户。2012年农村样本量为82户，城市样本量为187户。2010年农村样本量为80户，城市样本量为202户。再如江西省作

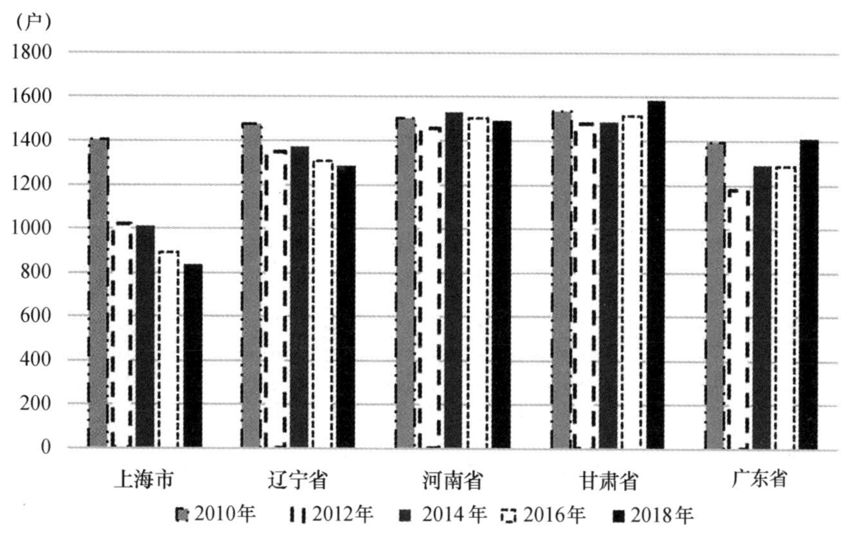

图4－3　CFPS 数据库抽样“大省”家庭数据库时间分布情况

资料来源：笔者绘制。

为中部省份，城镇化率普遍较低，因此在调查样本中可以发现农村样本的数量是多于城市样本的。江西省 2018 年农村样本量为 194 户，城市样本量为 89 户。2016 年农村样本量为 186 户，城市样本量为 79 户。2014 年农村样本量为 183 户，城市样本量为 64 户。在调查样本的时间分布上，也可以发现一定的规律和特征。依据处理之后的数据库，本书绘制了调查数据库中成人样本和家庭样本的时间分布图，具体参见图 4－4。

从时间趋势的角度看，成人样本量和家庭样本量均维持在一个稳定的水平。对于成人样本而言，2010 年基线调查有 32145 人，2012 年有 36596 人，到了 2014 年有 34232 人，2016 年有 35326 人，2018 年则有 33600 人，样本量均稳定在 3 万人以上。对于家庭样本而言，2010 年基线调查有 13996 户，2012 年第二次调查有 13699 户，2014 年第三次调查有 13831 户，2016 年第四次调查有 13176 户，2018 年第五次调查有 14798 户。

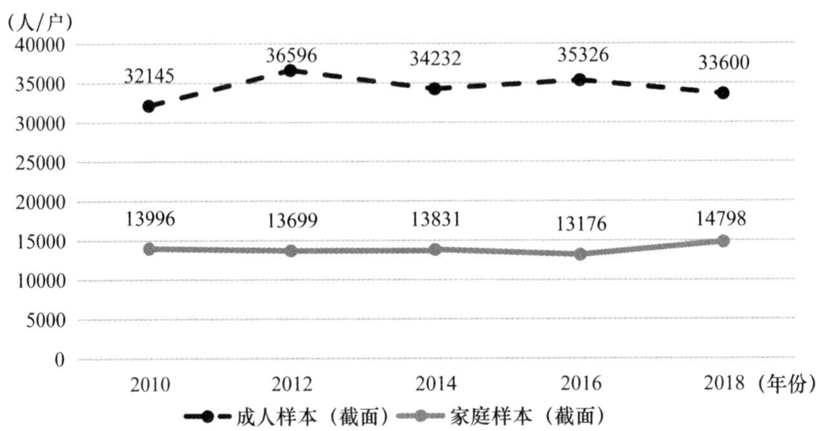

图4-4　CFPS成人数据库和家庭数据库截面样本的时间分布（2010—2018年）

资料来源：笔者绘制。

总结上述有关样本的分布情况，发现数据库基本符合中国城镇分布和人口分布的宏观规律，调查的成人样本和家庭样本具有非常强的全国代表性。

第三节　研究方法

一　面板数据层级回归

基于前述分析，经过本书整合后的中国家庭追踪调查是一个平衡性非常强的面板数据，能够采用面板数据模型进行分析。面板数据回归分析能够探讨多种因素对于因变量的影响，适合本书的研究问题。多元回归模型的核心要素，在于探讨多种因素对于因变量的影响（Jilke et al.，2016；James et al.，2017）。在本书的研究议题中，主要的自变量是基本医疗保险，因变量是贫困程度，控制变量主要包括个体特征和家庭特征。通过控制个体、家庭和村居社区的相关因素，进一步分析基本医疗保险的减贫效应。

相比较于截面数据回归分析，面板数据分析具有以下三点突出的优势。

第一，更高的系数估计准确性。相对于截面数据而言，面板数据增加了个体维度和时间维度的信息，样本容量更大，能够为系数估计和稳健性检验提供更高的精度和准确性。

第二，一定程度上减少遗漏变量带来的估计偏差。遗漏变量偏差一直是截面数据回归模型的一个突出问题（谢宇等，2014）。通常寻找工具变量进行二阶段的最小二乘回归，能够降低遗漏变量偏误造成的偏差（陈云松，2012；陈云松、范晓光，2015；Walker et al.，2017）。但是工具变量的使用条件存在诸多限制，由此导致了截面数据分析当中的遗漏变量偏误一直没有得到很好的解决。面板数据能够有效地减少遗漏变量偏差对系数估计的影响。一般意义上，遗漏变量是那些不可观测的个体误差或者说异质性，比如不可测量的个人特质、隐藏的家庭特征和社区村居特点等。这些不可观测的异质性往往具有很强的稳定性，是不随着时间的改变而改变的。因此，面板数据通过对固定的调查对象进行长时间段的跟踪，通过相应的模型设计，能够较好地解决遗落变量偏差对系数估计的影响（胡安宁等，2021；Thomassen et al.，2017；Margetts，2011）。

第三，面板数据提供调查对象更多的动态信息，有利于进行因果推断。在信息量方面，截面数据是无法提供被调查对象在时间维度上的信息的，而很多研究议题又特别需要在时间维度上进行分析。比如本书关于基本医疗保险对于家庭多维贫困的影响，基本医疗保险的政策效应需要较长的时间显现，在截面意义上很难有深入的研究发现。此外，面板数据在因果推断方面还具有显著的优势。时间上的先后是因果关系成立的核心条件之一，原因在前、结果在后是因果关系的一项基本原则（谢宇等，2014；Rubin，1974；James et al.，2017）。如果时间维度上无法提供前后的区别，则在系数估计和统计推断中很有可能会造成虚假因果关系的问题（Winship & Morgan，1999）。事实上，面板数据的时间维度信息能够支撑人口迁移、个体教育流动、职业流动、家庭变迁、家庭可持续生计、社会分层以及公共政策效应评估等研究主题，具有丰富的应用价值。

一般意义上，对于面板固定效应模型，指的是被调查对象不可观测的异质性是不随时间而变化的，因此在进行模型估计时，可以将这部分因素的影响消除。对于面板随机效应模型，隐含的假设正好相反，即被调查对象不可观测的异质性是随着时间变化而变化的，因此在模型估计时不能够消除（Rubin，2005）。本书将根据参数检验的相关结果，同时报告固定效应回归模型和随机效应回归模型，以期对基本医疗保险的影响效应进行更加全面和准确的分析。

二　中介和调节效应分析

基本医疗保险的影响机制和作用机理是一项十分重要的政策问题，本书采用中介效应模型和调节效应模型的相关检验方法，对于基本医疗保险产生政策影响的作用机理进行分析。中介效应模型常常用于自变量对因变量的影响机制分析。在社会科学中，自变量对于因变量的影响往往不是直接的，中间可能存在复杂的社会结构和异质性的影响（谢宇等，2014；Winship & Morgan，1999；Thaler et al.，2016）。正是基于这一点，中介效应模型在影响机制和作用机理的相关研究中得到了十分广泛的应用。温忠麟和叶宝娟（2014）有关中介效应的研究产生了重要影响，关于中介效应检验原理，参见图4－5。

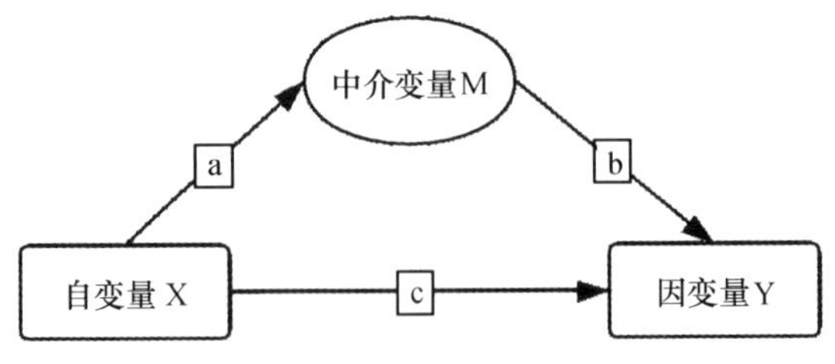

图4－5　中介效应检验原理

资料来源：温忠麟、叶宝娟，2014。

自变量 X 对因变量 Y 的直接影响，记作 c。但是在实际的研究议题中，很可能存在中介变量 M。一方面，自变量 X 对中介变量 M 能够产生影响，估计系数记作 a。另一方面，中介变量 M 能够对因变量 Y 产生影响，估计系数记作 b。直接效应和中介效应很可能是同时存在的，通过对 a、b 和 c 三个系数使用 Bootstrap 等方法进行统计检验，能够得到中介效应和直接效应的相对比例（温忠麟，2017；Anderson & Edwards，2015）。

除此之外，调节效应模型也是社会科学机制检验的重要方法。调节效应是社会科学研究中重要的方法学概念，是社会科学研究分析变量之间影响机制的重要方法（温忠麟、叶宝娟，2014；Marsh et al.，2017；Spiller et al.，2013）。在一般意义上，调节效应指的是自变量对于因变量的影响强度，受到了调节变量的作用。一方面，调节变量可能强化自变量对于因变量的影响强度，表现为调节变量存在时，自变量与因变量之间的联系更加密切。另一方面，调节变量可能弱化自变量对于因变量的作用，表现为调节变量“中和”了自变量与因变量之间的联系。调节效应意味着自变量 X 对于因变量 Y 的影响强度，受到了调节变量 Z 的影响。在实际的操作方面，调节效应的检验一般使用变量相乘构建交互项，并对交互项的系数进行统计检验（温忠麟、叶宝娟，2014）。方杰等（2017）的相关研究给出了调节效应的概念图，参见图 4－6。

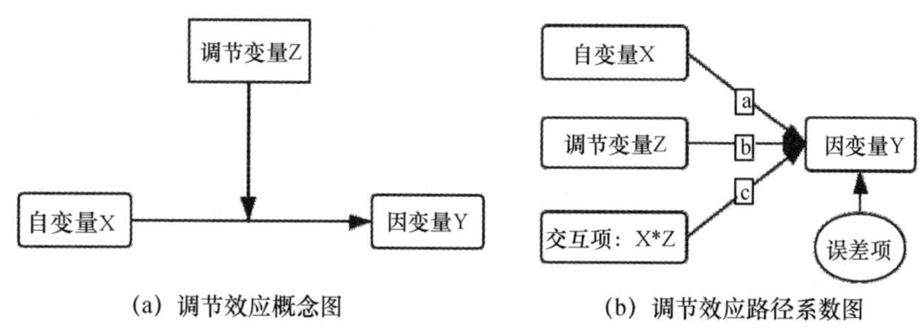

图 4－6　调节效应检验原理

资料来源：方杰等，2017。

就本书而言，在可持续生计理论这个一致性的框架下，重点探讨基本医疗保险通过何种机制影响到贫困程度。生计资本和生计策略是影响家庭生计结果的核心要素，同时可能会对贫困程度产生影响，因此生计资本和生计策略很可能在医保减贫的过程中起到中介或者调解机制。下文将重点对生计资本和生计策略的影响机制进行模型实证检验。

三 倾向值匹配因果推断

通过实地实验进行因果推断是研究政策效应的重要方法。通过实地实验进行因果推断，是公共政策评估的重要方法（朱春奎，2018；吴建南、刘遥，2020；Walker et al.，2017；Thomassen et al.，2017）。但是由于公共政策的对象往往是社会群体和公众行为，实地实验面临诸多的客观限制和伦理考量，通过自然实验进行因果推断进而寻找因果机制就成为一项重要的政策评估方法（李文钊，2018；孟天广，2019；Margetts，2011）。自然实验通过选择自然发生的政策行为和社会行为进行因果推断，在方法上尽可能地靠近实验室实验的理想状态，能够获得相当稳健的因果关系（James et al.，2017；Bouwman et al.，2017）。自然实验因果推断方法通过牺牲一定的内在效度，获得了更为广泛的外在效度和可操作性，因此在社会科学研究中得到了越来越广泛的应用。需要指出的是，满足严格意义上自然实验的政策行为和社会事件非常少。一般意义上，仅有地震、海啸、洪水、泥石流等自然灾害带来的外生冲击下的事件，才是严格意义上的自然实验。正是由于这一点，准自然实验的方法应运而生（Morton，2015；Kamkhaji，2015）。准自然实验放松了自然实验研究设计对于外生冲击的严格限制，在一般意义上也可以将某项特定的公共政策视同为外生冲击，在实验因果推断的理论方法下进行政策效应评估。本质上来看，准自然实验方法是通过统计方法将观测数据转换为实验数据进行研究。

由于各种客观条件的限制，社会科学的实地实验存在诸多挑战。基于调查数据进行因果推断成为政策分析的重要手段。社会科学的研究对象往往是个体和群体，由于研究伦理的限制很难开展实验研究。有部分实验研究在严格进行伦理审查的基础上，使用学生样本进行小规模的可控实验，在外在效度方面又存在比较严重的问题（王思琦，2018）。正是由于实验研究方法在社会科学研究中的诸多限制，统计意义上因果推断的方法得到了诸多的关注。然而，基于调查数据进行因果推断又面临着内生性问题的挑战。使用微观调查数据进行政策效应识别和因果推断，是社会科学的一种重要的研究方法。遗憾的是，内生性问题几乎是所有这类研究不得不面对的挑战。一般来说，内生性问题主要包括来自测量偏误、遗漏变量偏差以及反向因果的问题（陈云松、范晓光，2010）。

倾向值匹配方法是进行因果推断的重要方法之一。由于遗漏变量、测量偏差以及逆向因果等问题的存在，传统的回归方法面临着内生性问题的挑战，因此从严格意义上讲，回归系数呈现的是相关关系而非因果关系。为了在一定程度上减轻内生性问题对实证分析的挑战，发展出了诸多基于调查数据探讨因果关系的方法，倾向值匹配方法是分析内生性问题的主要方法之一（Heckman，1978；王思琦，2018；胡安宁，2012）。从倾向值匹配基本原理的角度看，实际上是通过调查数据在统计上构造一个实验组和一个对照组，通过将协变量进行“匹配”，基于观测数据构造一个反事实框架，进而识别出核心政策自变量和结果变量之间的因果关系（Rosenbaum，2002；Xie & Wu，2008）。就本书的研究议题而言，以 Rubin（1974）提出的反事实模型为基础，本书从医保参保和贫困状况因果推断的角度，提出了下列公式。

参见的倾向值匹配方法关注的是二分处理变量的政策效应（胡安宁，2017）。本书以虚拟变量 0 和 1 表示调查对象是否参加基本医疗保险，Med_insruance 表示医保是否参保，是本书关注的核心自变量。因变量记作 Poverty，表示贫困程度。本书拟探讨医保参保与家庭贫困的影响，即参加基本医疗保险是否降低了家庭贫困

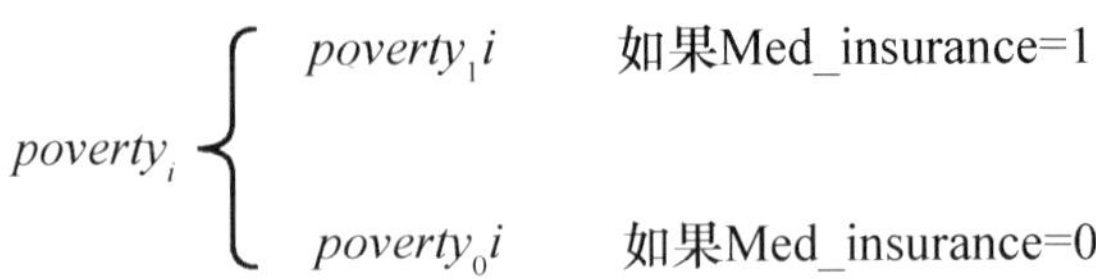

图4－7 医保减贫的倾向值匹配因果推断模型

资料来源：笔者绘制。

程度。对于研究对象 i 而言，未来的贫困状况存在两种情况：*poverty* 取值为1表示贫困，*poverty* 取值为0表示非贫困。事实上，一个特定的研究对象在一定时期只能够观察到处理变量取值为1或者取值为0，因此有必要在统计意义上构建实验组和对照组。本书的实验组是参保基本医疗保险，对照组是未参保基本医疗保险（见图4－7）。

本书基于中国家庭追踪调查构建的面板数据，为进行准自然实验因果推断提供了可能。本书拟采用准自然实验因果推断的相关定量分析方法，在可持续生计的理论框架下，探讨基本医疗保险的政策效应。在方法意义上，是否参加医疗保险是一个内生变量，受到个体特质和家庭特征的影响。因此，本书利用倾向值匹配方法控制个体的异质性，基于中国家庭追踪调查的面板数据，在统计意义上构造一个对照组和实验组，分析参加基本医疗保险带来的减贫效应。

第五章

实证分析与结果讨论

基于前文的文献综述、概念模型以及研究设计等内容，本章节主要包括了变量的描述性统计和相关性分析，以及基本医疗保险减贫效应的面板数据回归模型、稳健性检验、倾向值匹配因果推断、异质性检验以及作用机制分析等内容。在实证结果的基础上，本章对假设检验的结果进行了讨论。

第一节 描述性统计分析

本节的主要内容是对研究对象样本分布的描述性分析以及研究变量的描述性统计分析。具体包括调查数据库中成人追踪样本的分布情况、家庭追踪样本的分布情况、基本医疗保险的参保情况和时间变化趋势以及生计资本和生计策略的描述性统计分析。

一 追踪样本的描述分析

通过删除流失样本和进行相应的数据处理，本书获得了中国家庭追踪调查的成人平衡面板数据和家庭平衡面板数据。时间跨度为2010—2018年，具体的调查年份分别是2010年、2012年、2014年、2016年和2018年。在具体的省份城乡分布方面，参见表5－1。

表 5－1　CFPS 数据库中成人样本分布情况（2010—2018 年）

（追踪样本，单位：人）

省份	农村样本	城市样本	合计
北京	0	84	84
天津	47	60	107
河北	595	404	999
山西	491	212	703
辽宁	803	771	1574
吉林	137	133	270
黑龙江	142	364	506
上海	94	905	999
江苏	84	194	278
浙江	106	150	256
安徽	89	157	246
福建	101	64	165
江西	193	91	284
山东	495	385	880
河南	995	865	1860
湖北	85	143	228
湖南	137	306	443
广东	483	644	1127
广西	173	124	297
重庆	61	72	133
四川	391	313	704
贵州	235	119	354
云南	354	159	513
陕西	169	149	318
甘肃	1345	519	1864
合计	7805	7387	15192

资料来源：笔者绘制。

对于面板数据而言，中国家庭追踪调查成人样本量为 15192 人，相比于每年 3 万左右的截面样本，存在一定程度的样本流失情况。实际上，样本流失是长时间段追踪调查普遍存在的一个问题（谢宇等，2014）。

从追踪样本的省份分布来看，符合“大省”和“小省”的抽样设计。在“大省”的样本分布中，除上海市以外，其他省份的追踪样本量均超过了 1000 人。上海市在 8 年的时间跨度里面一共有 999 个成人参加了所有轮次的调查，其中农村样本 94 人，城市样本 905 人。辽宁省一共有 1574 人参加了所有轮次的调查，其中农村样本 803 人，城市样本 771 人。广东省一共有 1127 人参加了所有轮次的调查，其中农村样本 483 人，城市样本 644 人。甘肃省一共有 1864 人参加了所有轮次的调查，其中农村样本 1345 人，城市样本 519 人。河南省一共有 1860 人参加了所有轮次的调查，其中农村样本 995 人，城市样本 865 人。从追踪样本的城乡分布来看，农村样本累计 7805 人，城市样本累计 7387 人。图 5－1 是抽样设计中五个主要省份的追踪成人样本的城乡分布。

在抽样设计的“小省”方面，样本量相对较少。比如北京市一共仅有 84 个成人样本，天津市有 107 个成人样本，重庆市有 133 个成人样本，福建省有 165 个成人样本，上述四个省级行政单位的样本量均在 200 人以下。成人追踪样本量在 200—500 的主要有吉林省 270 人、江苏省 278 人、浙江省 256 人、安徽省 246 人、江西省 284 人、湖北省 228 人、湖南省 443 人、广西壮族自治区 297 人、贵州省 354 人和陕西省 318 人。成人追踪样本量在 500—1000 的省级行政单位，除了上海市是抽样设计中的“大省”之外，其他均为人口数量较大的省份。比如山西省 703 人，黑龙江省 506 人，山东省 880 人，四川省 704 人以及云南省 513 人。总结而言，在 8 年的追踪期内，成人追踪样本量为 15192 人，对于本书的研究议题能够提供充足的样本量支撑。

本书对家庭数据库进行了处理，获得了一个包含 6068 户家

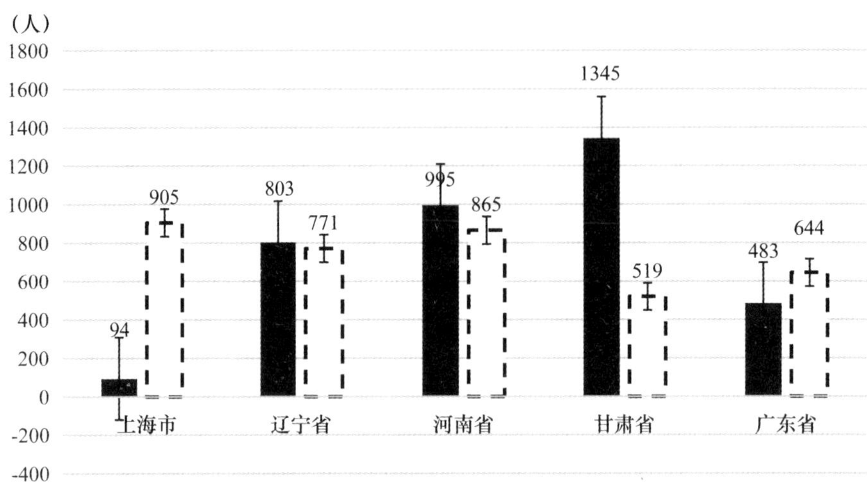

图 5－1　五个主要的抽样“大省”追踪成人样本的城乡分布

资料来源：笔者绘制。

庭的平衡面板数据。主要覆盖了 25 个省级行政单位，时间跨度为 2010—2018 年，具体的调查年份分别是 2010 年、2012 年、2014 年、2016 年和 2018 年。关于家庭样本的分布情况，参见表 5－2。

表 5－2　　CFPS 数据库中家庭样本分布情况（2010—2018 年）

（追踪样本，单位：户）

省份	农村	城市	合计
北京	0	35	35
天津	15	27	42
河北	199	122	321
山西	181	88	269
辽宁	340	350	690

续表

省份	农村	城市	合计
吉林	76	73	149
黑龙江	66	162	228
上海	46	356	402
江苏	34	85	119
浙江	50	64	114
安徽	48	80	128
福建	35	21	56
江西	73	37	110
山东	234	156	390
河南	367	265	632
湖北	35	64	99
湖南	57	119	176
广东	230	265	495
广西	81	42	123
重庆	35	28	63
四川	119	106	225
贵州	100	49	149
云南	126	56	182
陕西	77	60	137
甘肃	530	196	726
合计	3154	2906	6060

资料来源：笔者绘制。

在家庭追踪样本的省份和城乡分布方面，抽样“大省”占据了较大的份额。具体而言，追踪家庭样本在500户以下的主要是上海市和广东省，其中上海市一共有402户追踪家庭，其中农村追踪家庭46户，城市追踪家庭356户。广东省一共有495户追踪家庭，其中农村追踪家庭230户，城市追踪家庭265户。其他抽样“大省”的样本量均在500户以上，其中辽宁省一共有690户追踪家庭，其中农村追踪家庭340户，城市追踪家庭350户。河南省一共有632户追踪家庭，其中农村追踪家庭367户，城市追踪家庭265户。甘肃省一共有726户追踪家庭，其中农村追踪家庭530户，城市追踪家庭196户。图5－2是五个主要的抽样“大省”中家庭追踪样本的城乡分布情况。

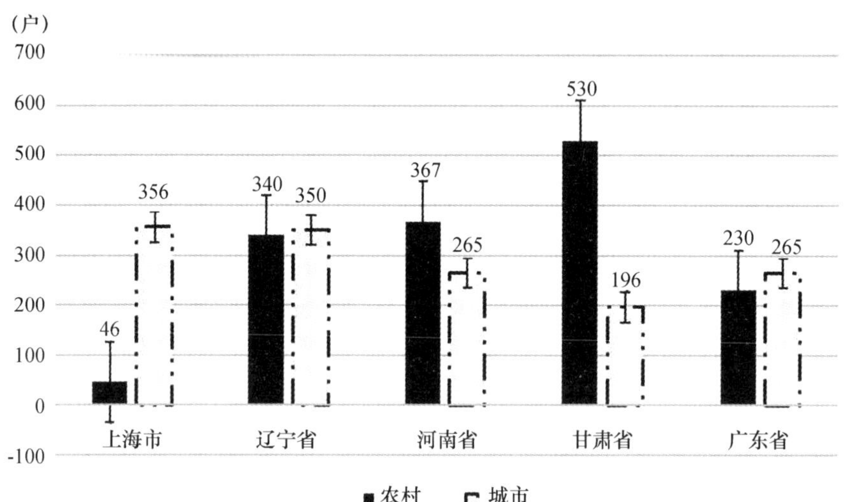

图5－2　五个主要的抽样“大省”追踪家庭样本的城乡分布

资料来源：笔者绘制。

其他抽样设计中的“小省”，样本量相对较少。北京市一共有35户追踪家庭，均是城市追踪家庭。家庭追踪样本在100户以下的省级行政单位有4个，其中天津市一共有42户追踪家庭，重庆市一共有63户追踪家庭，福建省一共有56户追踪家庭，湖北省一共有99户追踪家庭。家庭追踪样本数量在100—200的有10个省级行政单位，这些省份是东北地区的吉林省一共有149户追踪家庭，其中农村追踪家庭76户，城市追踪家庭73户。东南沿海地区的江苏省一共有 119 户追踪家庭，浙江省一共有 114 户追踪家庭。中部地区主要有安徽省一共有 128 户追踪家庭，其中农村追踪家庭 48 户，城市追踪家庭 80 户。湖南省一共有 176 户追踪家庭，江西省一共有 110 户追踪家庭。西南地区主要是广西壮族自治区一共有 123 户追踪家庭，贵州省一共有 149 户追踪家庭，云南省一共有 182 户追踪家庭。在华北地区，河北省一共有 321 户追踪家庭，其中农村追踪家庭 199 户，城市追踪家庭 122 户。山西省一共有 269 户追踪家庭。陕西省一共有 137 户追踪家庭，其中农村追踪家庭 77 户，城市追踪家庭 60 户。家庭追踪样本在 200 以上的省份主要有 6 个，分别是位于黑龙江省一共有 228 户追踪家庭，山东省一共有 390 户追踪家庭，其中农村追踪家庭 234 户，城市追踪家庭 156 户。四川省一共有 225 户追踪家庭，其中农村追踪家庭 119 户，城市追踪家庭 106 户。需要指出的是，有部分省级行政单位没有家庭追踪样本，这属于正常的样本流失。

为了进一步了解村居和社区的情况，本书对村居社区数据库进行了整理，获得了一个包含 589 户村社的平衡面板数据。主要覆盖了 25 个省级行政单位，调查时间是 2010 年和 2014 年。截至 2021 年 6 月，2018 年的村居和社区数据暂未公开。具体参见表 5－3。

表 5－3　CFPS 村社数据库分布描述性分析（2010—2014 年）（单位：个）

省份	追踪样本			2014 年			2010 年		
	农村	城市	合计	农村	城市	合计	农村	城市	合计
北京	0	4	4	0	4	4	0	4	4
天津	1	1	2	1	2	3	1	3	4
河北	21	11	32	21	11	32	21	12	33
山西	16	9	25	17	10	27	17	10	27

续表

省份	追踪样本			2014 年			2010 年		
	农村	城市	合计	农村	城市	合计	农村	城市	合计
辽宁	21	35	56	22	35	57	23	40	63
吉林	5	7	12	5	7	12	5	7	12
黑龙江	4	15	19	5	15	20	6	15	21
上海	7	41	48	7	45	52	9	49	58
江苏	3	9	12	3	9	12	3	9	12
浙江	5	6	11	5	6	11	6	6	12
安徽	6	6	12	6	6	12	6	6	12
福建	5	3	8	5	3	8	4	4	8
江西	9	3	12	9	3	12	9	3	12
山东	15	10	25	17	11	28	18	10	28
河南	35	28	63	35	28	63	38	26	64
湖北	3	9	12	3	9	12	3	9	12
湖南	11	12	23	11	12	23	11	13	24
广东	25	32	57	25	35	60	27	37	64
广西	8	4	12	8	4	12	10	2	12
重庆	3	5	8	3	5	8	3	5	8
四川	14	16	30	15	17	32	19	13	32
贵州	13	6	19	14	6	20	15	5	20
云南	11	5	16	11	5	16	13	3	16
陕西	6	5	11	6	5	11	6	6	12
甘肃	47	13	60	50	19	69	54	11	65
合计	294	295	589	304	312	616	327	308	635

资料来源：笔者绘制。

从村社样本的时间分布上看，2010 年一共调查了 635 个村居和社区，其中有 327 个行政村和 308 个城市社区。2014 年一共调查了

616个村居和社区，其中行政村304个，城市社区312个。追踪样本方面，一共有589个村居和社区，在2014年进行的调查中追踪成功，有近100个社区流失而退出了追踪调查。这里面既有行政区划调整的原因，也有访问调查难度过大的原因。

从村社样本的省份分布来看，同样符合内隐分层抽样原则下"大省"和"小省"的分布规律。具体而言，抽样设计中的"大省"占据了大部分村社调查样本，比如上海市的2010年调查农村村居9个，城市社区49个，累计58个村社。2014年调查了农村村居7个，城市社区45个，累计52个村社。追踪样本方面，总样本量为48个，其中农村村居7个，城市社区41个。河南省的调查样本量最大，其中2010年调查农村村居38个，城市社区26个，累计64个村社。2014年调查了农村村居35个，城市社区28个，累计63个村社。广东省的追踪样本总量为57个，其中农村村居25个，城市社区32个。甘肃省2010年调查农村村居54个，城市社区11个，累计65个村社。2014年调查农村村居50个，城市社区19个，累计69个村社。追踪样本方面，总样本量为60个，其中农村村居47个，城市社区13个。

此外，其他省级行政单位的村社样本量相对较小，比如除了上海之外的三个直辖市，北京仅有4个社区是追踪样本，天津仅有2个社区是追踪样本，重庆仅有8个社区是追踪样本。西南地区的省份样本量也相对较少，比如云南省有16个追踪调查的村社，贵州省有19个追踪调查的村社，四川省有30个追踪调查的村社。在样本的城乡分布方面，2010年农村村居样本累计327个，城市社区样本累计308个。2014年农村村居样本累计304个，城市社区样本累计312个。追踪的村社样本一共有589个，其中农村村居样本294个，城市社区样本295个。

本书通过2010年基线调查社区问卷中"所在村居和社区是否属于自然灾害频发区"这一问题，对生计背景进行测量。由于自然环境方面的脆弱性短时间难以改变，因此脆弱性背景的测量同样适用于后续的调查。关于村居和社区脆弱性背景的分布情况，具体参见表5－4。

表5－4　CFPS基线调查中村社样本生计背景分布情况　（单位：个）

省级行政单位	非自然灾害频发区	自然灾害频发区	合计
北京	4	0	4
天津	2	0	2
河北	24	8	32
山西	18	7	25
辽宁	52	7	59
吉林	11	1	12
黑龙江	19	0	19
上海	49	0	49
江苏	12	0	12
浙江	7	4	11
安徽	10	2	12
福建	6	2	8
江西	9	3	12
山东	21	4	25
河南	47	17	64
湖北	12	0	12
湖南	21	2	23
广东	47	10	57
广西	5	7	12
重庆	7	1	8
四川	24	6	30
贵州	9	10	19
云南	11	5	16
陕西	10	1	11
甘肃	40	20	60
合计	477	117	594

资料来源：笔者绘制。

从总体的分布情况看，处于自然灾害频发区村居和社区的分布情况，与中国集中连片特殊困难地区的分布是基本一致的。首先，北京、天津、上海、江苏等省级行政单位的样本中，均没有处于自然灾害频发区的村社样本。其次，中国家庭追踪调查当中处于自然灾害频发区的村社样本，其总体的分布与集中连片特殊困难地区的分布是相对一致的。具体而言，在燕山—太行山地区，有大量的村居和社区面临脆弱性背景的影响。在中国家庭追踪调查处于自然灾害频发区的村社当中，河北省有 8 个，山西省有 7 个。在秦巴山区，甘肃省陇南市是主要的贫困区县集中地。在中国家庭追踪调查的村社样本中，甘肃省一共有 60 个村居和社区样本，其中有 20 个处于自然灾害频发区。在中国家庭追踪调查的村社数据库中，吉林省有 1 个村社处于自然灾害频发区。反映在中国家庭追踪调查的数据中，则表现为在安徽省内调查的 12 个村居和社区中，有 2 个处于自然灾害频发区。河南省一共有 64 个村居和社区，其中 17 个处于自然灾害频发区。体现在中国家庭追踪调查的村社样本中，江西省一共有 12 个村居和社区样本，其中 3 个是自然灾害频发区。湖南省一共有 23 个村居和社区样本，2 个处于自然灾害频发区。中国家庭追踪调查的村居和社区数据库中，云南省一共有 16 个村居和社区进入调查样本，其中有 5 个是处于自然灾害频发区。四川省一共有 30 个村居和社区样本，其中 6 个地处自然灾害频发区。贵州省一共有 19 个村居和社区样本，其中 10 个为自然灾害频发区。广西壮族自治区一共有 12 个村居和社区样本，其中 7 个处于自然灾害频发区。

大量村居和社区受到脆弱性背景的影响，从侧面体现出了中国贫困治理的复杂性和艰巨性。在中国家庭追踪调查覆盖的 594 个村居和社区当中，一共有 117 个村居社区是处于自然灾害频发区的，占比约为 20%。中国家庭追踪调查抽取的是概率样本，说明村居社区样本符合随机性的基本抽样原则，能够在一定程度上代表中国村居和社区的总体情况。从这层意义上看，中国有大量的村居和社区处于自然灾害频发区，脆弱性背景的影响十分显著。

通过对成人、家庭和村社样本的时间分布和省份分布，可以得出以下两点结论：第一，中国家庭追踪调查数据库具有良好的全国代表性。该数据库依据内隐分层的理论原则将全国 25 个调查的省级行政单位分为抽样设计中的“大省”和“小省”，确定不同的样本量，在调查经费和调研难度的约束条件下尽可能覆盖了中国主要的经济区和人口大省。第二，数量较大的追踪样本构建了完整的村居—家庭—个人的结构体系，为本书的研究议题提供了扎实的数据支撑。该数据库实际上构成了一个非常平衡的面板数据，更为重要的是面板数据涵盖了 15192 个成人，6060 个家庭以及 589 个村居和社区。数据库样本量巨大，层次分明，是研究家庭生计和社会保障等议题的宝贵资料。

二　基本医保的描述分析

在中国家庭追踪调查成人数据库有关基本医疗保险相关的问项中，一共有 6 个具体的选项，分别是无医疗保险、公费医疗、城镇职工医疗保险、城镇居民医疗保险、补充医疗保险、新型农村合作医疗。这就意味着，在中国家庭追踪调查的数据库中，是没有“城乡居民基本医疗保险”这个选项的。此外，依据前文有关中国家庭追踪调查抽样设计方法的相关分析，可以发现该项调查的样本是基于随机抽样的概率样本，能够代表全国的情况。因此，从这个意义上看，数据库中关于基本医疗保险参保情况的统计分析能够在一定程度上反映基本医疗保险实际的参保情况。

在参保类型方面，新型农村合作医疗、城镇职工基本医疗保险和城镇居民基本医疗保险三项制度安排构成了基本医疗保障体系的主体。2010 年，中国家庭追踪调查一共有 31985 个概率样本，其中参加新型农村合作医疗的数量为 18670，占比 58. 37%。参加城镇职工基本医疗保险的数量为 2969，占比 9. 28%。参加城镇居民基本医疗保险的数量为 2170，占比 6. 8%。2012 年，中国家庭追踪调查一共有 35295 个概率样本，其中参加新型农村合作医疗的数量为 23396，占比 66. 29%。参加城镇职工基本医疗保险的数量为 3650，占比 10. 34%。参加城镇居民基本医疗保险的数量为 2329，占比 6. 6%。2014 年，中国家庭追踪调查一共有 35831 个概率样本，其中参加新型农村合作医疗的数量为 24287，占比 67. 78%。参加城镇职工基本医疗保险的数量为 4204，占比 11. 73%。参加城镇居民基本医疗保险的数量为 2863，占比 7. 99%。2016 年，中国家庭追踪调查一共有 36715 个概率样本，其中参加新型农村合作医疗的数量为 24894，占比 67. 80%。参加城镇职工基本医疗保险的数量为 4666，占比 12. 71%。参加城镇居民基本医疗保险的数量为 2791，占比 7. 6%。2018 年，中国家庭追踪调查一共有 29965 个概率样本，其中参加新型农村合作医疗的数量为 19667，占比 65. 63%。参加城镇职工基本医疗保险的数量为 4307，占比 14. 37%。参加城镇居民基本医疗保险的数量为 2572，占比 8. 58%。在不同医疗保险类型参保情况的时间变化方面，新型农村合作医疗参保率先升后降。

不同类型基本医疗保险的参保率，在时间上也存在比较明显的变化规律。首先，新型农村合作医疗的参保率较高，在时间上呈现出先升后降的趋势。2010 年，新型农村合作医疗的参保率为 58. 37%，2012 年为 66. 29%，2014 年为 67. 78%，参保率在经历了四年的上升之后，2016 年新农合的参保率略微下降，为 67. 80%。2018 年新农合的参保率为 65. 63%。其次，城镇职工基本医疗保险的参保率较低，参保率逐年上升。2010 年为 9. 28%，2012 年为 10. 34%，2014 年为 11. 73%，2016 年为 12. 71%，2018 年为 14. 37%。最后，城镇居民基本医疗保险的参保率总体较低，参保率每年有细微的上升。2010 年为 6. 8%，2012 年为 6. 6%，2014 年为 7. 99%，2016 年为 7. 6%，2018 年为 8. 58%。

在基本医疗保险覆盖率方面，基本医疗保险制度正在逐步实现全民覆盖的目标。依据中国家庭追踪调查成人数据库的相关信息，可以看出，从2010年至2018年，无医疗保险的样本比例逐步降低，而有医疗保险的样本比例逐步升高。具体而言，2010年参加基本医疗保险的样本比例为74.65%，未参加基本医疗保险的样本比例为14.22%。2012年参加基本医疗保险的样本比例为83.23%，未参加基本医疗保险的样本比例为13.06%。2014年参加基本医疗保险的样本比例为87.59%，未参加基本医疗保险的样本比例为9.22%。2016年参加基本医疗保险的样本比例为88.11%，未参加基本医疗保险的样本比例为9.2%。2018年参加基本医疗保险的样本比例为88.58%，未参加基本医疗保险的样本比例为8.54%。

三 贫困状况的描述性分析

在家庭收入方面，中国家庭追踪调查数据库提供了非常丰富的家庭收入变量，包含了工资收入、奖金收入、绩效补贴等不同的范围，并根据一定的方法对各项收入进行了核查比较。此外，对于农村家庭的收入还进行了细致的收入调整，并且提供了调整之后的家庭收入变量。为什么农村家庭收入需要进行调整？这个涉及农村家庭收入的特点。大部分农村居民没有固定的工作，因此售卖家禽、粮食和水果蔬菜等是其重要的生计来源。中国家庭追踪调查数据库，通过相关的变量对这部分收入进行了加总，最后调整到农村家庭收入的总额当中，比较全面地测量了农村家庭的实际年收入。关于家庭收入的调整办法，具体参见《中国家庭追踪调查关于2010年收入消费支出数据整理》（技术报告系列：CFPS－15）。

在家庭消费方面，中国家庭追踪调查数据库提供了十分完整的家庭消费测量指标。比如医药费用支出、食品支出、交通出行支出、衣物支出、教育支出，等等。与此同时，数据库还提供了整合之后的家庭消费综合变量，其调整方法与前述家庭收入的调整方法类似，具体可以参考CFPS发布的第15号技术报告。

从家庭层面的角度看，家庭年纯收入整体估计量的均值为

44259.21元，标准误为91644.65，最小值为0，最大值为8336000元。家庭消费支出整体估计量的均值为41435.25元，标准误为57554.32，最小值为0，最大值为460882元。城镇家庭和农村家庭的生计结果，存在诸多方面的差异。本书以家庭消费支出为例，绘制了城镇家庭和农村家庭消费支出的核密度图，参见图5-3。

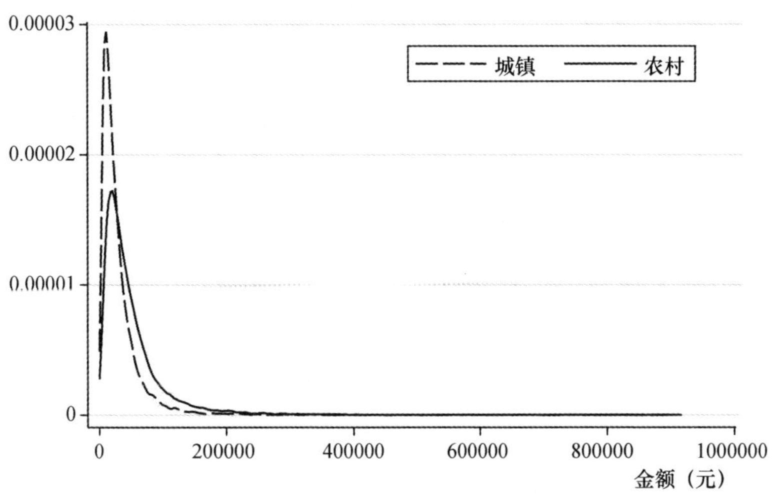

图5-3　城镇家庭和农村家庭的消费支出的核密度

资料来源：笔者绘制。

结合描述性统计分析核密度图，可以得出两个初步的结论：一是城镇家庭消费支出高于农村家庭。从核密度图的分布看，城镇家庭消费支出要高于农村家庭消费支出。二是在概率分布方面，城镇和农村家庭消费支出总体呈现长尾分布的状况。家庭消费支出呈现出典型的长尾分布，即绝大多数家庭的消费集中在特定的值附近，极大值的样本较少。

四　生计资本和生计策略的描述分析

本节主要是对生计资本和生计策略的相关指标进行描述性统计

分析。在可持续生计的理论框架中，生计资本和生计策略均会受到脆弱性背景的影响，因此有必要对家庭的脆弱性背景进行描述。大量村居和社区受到脆弱性背景的影响，从侧面体现出了中国贫困治理的复杂性和艰巨性。在中国家庭追踪调查覆盖的594个村居和社区当中，一共有117个村居社区是处于自然灾害频发区的，占比约为20%。中国家庭追踪调查抽取的是概率样本，说明村居社区样本符合随机性的基本抽样原则，能够在一定程度上代表中国村居和社区的总体情况。从这层意义上看，中国有大量的村居和社区处于自然灾害频发区，脆弱性背景的影响十分显著。这对于中国贫困治理带来了极大的挑战性和复杂性。对于物质资本住房类型这一类别变量而言，从面板数据中能够进一步得到更加细致的信息。关于物质资本类别变量的分描述性统计分析，具体参见表5－5。

表5－5　　物质资本的频数分布统计分析　　（单位：%）

	整体分布		组间分布		组内分布
物质资本（住房类型）	频率	百分比	频率	百分比	百分比
单元房	5689	21.35	1831	30.06	68.79
平房	13321	50.00	4367	71.68	71.15
四合院	1063	3.99	806	13.23	31.46
别墅	173	0.65	148	2.43	25.50
联排楼房	49	0.18	47	0.77	24.29
小楼房	6348	23.83	2432	39.92	58.50

资料来源：笔者绘制。

从整体分布的角度看，在面板家庭中平房的比例最高，频率为13321，占比50.00%，反映了农村家庭主要的居住模式和物质资本状况。小楼房和单元房的频数分别是6348和5689，小楼房和单元房两项占比合计达到了45.18%，主要体现了城镇家庭的居住模式和物质资本状况。其他的住房类型，比如四合院、别墅和联排楼房等相对较少。四合院的频数为1063，别墅的频数为173，联排楼房的频数为49。关于中国家庭追踪调查面板数据中其他类型生计资本和生计策略的描述性统计结果，参见表5-6。

表5-6　生计资本和生计策略的描述性统计分析

生计资本	测量指标	估计类型	均值	标准差	最小值	最大值	样本量
物质资本	住房类型	整体估计量	2.80	1.86	1.00	6.00	N=26643
		组间估计量		1.50	1.00	6.00	n=6092
		组内估计量		1.08	-1.20	6.80	T-bar=4.37
	住房面积	整体估计量	50.12（平方米）	22.54	32.18	120.36	N=24573
		组间估计量		24.15	29.16	114.25	n=5198
		组内估计量		19.35	36.54	102.39	T-bar=5.26
自然资本	土地价值	整体估计量	23651	82519	0	5015625	N=25009
		组间估计量		57737	0	1961415	n=6106
		组内估计量		58689	-1607732	3654861	T-bar=4.09
	土地面积	整体估计量	1.35（亩）	1.03	0	18	N=26639
		组间估计量		1.25	0	18	n=6108
		组内估计量		0.28	-0.09	18.6	T-bar=4.54
金融资本	金融资产	整体估计量	38892	142168	0	5000000	N=24464
		组间估计量		92884	0	2580000	n=6106
		组内估计量		101860	-2541107	3528893	T-bar=4.01
	现金储蓄	整体估计量	46258（元）	124893	0	2000000	N=25614
		组间估计量		104374	0	1250000	n=6028
		组内估计量		100454	-1121486	1835200	T-bar=4.24
社会资本	能借到钱	整体估计量	0.51	0.50	0	1.00	N=30530
		组间估计量		0.16	0.40	1.00	n=6106
		组内估计量		0.47	-0.29	1.11	T=5
	退伍军人/村干部	整体估计量	0.08	0.13	0	1.00	N=30418
		组间估计量		0.08	0.35	1.00	n=6024
		组内估计量		0.24	-0.48	1.32	T=5

续表

<table>
<tr><th>生计资本</th><th>测量指标</th><th>估计类型</th><th>均值</th><th>标准差</th><th>最小值</th><th>最大值</th><th>样本量</th></tr>
<tr><td rowspan="6">人力资本</td><td rowspan="3">教育年限</td><td>整体估计量</td><td rowspan="3">7.28（年）</td><td>5.15</td><td>0.40</td><td>56.00</td><td>N = 10199</td></tr>
<tr><td>组间估计量</td><td>4.68</td><td>0.40</td><td>39.00</td><td>n = 4838</td></tr>
<tr><td>组内估计量</td><td>2.28</td><td>-18.72</td><td>43.66</td><td>T = 2.11</td></tr>
<tr><td rowspan="3">劳动力数量</td><td>整体估计量</td><td rowspan="3">4.28</td><td>2.57</td><td>1</td><td>8</td><td>N = 10035</td></tr>
<tr><td>组间估计量</td><td>2.19</td><td>1</td><td>8</td><td>n = 4735</td></tr>
<tr><td>组内估计量</td><td>1.46</td><td>-0.69</td><td>7.35</td><td>T = 1.59</td></tr>
<tr><td rowspan="3">生计策略</td><td rowspan="3">多样化</td><td>整体估计量</td><td rowspan="3">0.45</td><td>0.50</td><td>0</td><td>1.00</td><td>N = 30352</td></tr>
<tr><td>组间估计量</td><td>0.13</td><td>0.25</td><td>1.00</td><td>n = 6106</td></tr>
<tr><td>组内估计量</td><td>0.48</td><td>-0.35</td><td>1.20</td><td>T - bar = 4.9708</td></tr>
</table>

资料来源：笔者绘制。

在物质资本的住房类型方面，均值为2.80，整体估计量的最小值为1.00，最大值为6.00，该变量是定序变量，因此均值在实际意义上的参考价值有限。在住房面积指标方面，均值为50.12平方米，最小值为32.18平方米，最大值为120.36平方米。在自然资本的土地价值指标方面，均值为23651，整体估计量最小值为0，最大值为5015625。在土地面积指标方面，均值为1.35亩，最小值为0，最大值为18亩。由于数据库中包含了一定数量的城市家庭样本，因此土地面积这一项对于城市家庭来说取值为0。在金融资本的金融资产指标方面，均值为38892，整体估计量的最小值为0，最大值为5000000。现金储蓄指标方面，均值为46258元，最小值为0，最大值为2000000。自然资本和金融资本的单位均是元，使用的是市场价值的衡量手段，是定比层面的变量，因此均值具有实际的参考价值。社会资本的两个测量指标均是0和1区分的虚拟变量，因此均值具有百分比的含义。“是否能借到钱”这一指标，均值为0.51，表明有51%的家庭认为在遇到突发困难时能够从亲戚朋友处借到钱。“家中是否有村干部/退伍军人”这一测量指标，均值为0.08，表明在样本家庭中的家庭成员中有退伍军人或者村干部的比例为8%。在人力资本的家庭人均受教育年限指标方面，均值为7.28，即家庭的平均受教育年限为7.28年，整体估计量的最小值为0.40，最大值为56.00，该变量是定比层面的变量，均值具有实际意义。在家庭劳动力数量指标方面，均值为4.28，最小值为1，最大值为8。

生计策略这一变量是0和1构成的虚拟变量，因此最小值为0，最大值为1.00。生计策略的整体估计均值为0.45，表明样本家庭中有45%采用了多样化的生计策略。

第二节　医保减贫的层级回归和因果推断

本节主要通过面板数据回归模型和因果推断的方法，探讨基本医疗保险对贫困程度的影响。首先，使用基本医疗保险参保情况作为自变量，家庭收入、家庭消费和贫困发生率作为因变量，进行面板数据回归模型构建和稳健性检验。其次，使用倾向值匹配方法，分析医疗保险参保和家庭贫困发生率之间的因果联系。

一　医保减贫的层级回归

1. 基本医疗保险对家庭收入和家庭消费的影响

贫困程度是本书的核心因变量，家庭收入是贫困状况的重要指标。因此，本书首先使用家庭收入作为因变量，探讨基本医疗保险的减贫效应。家庭收入会受到多个方面因素的影响，因此在探讨基本医疗保险如何影响家庭收入，需要对相关的协变量进行控制。邱子迅和周亚虹（2021）在探讨家庭增收效应时，提出了一个关于家庭收入影响因素的实证模型。本书参照其做法，提出了一个基本医疗保险影响家庭收入的计量方程：

$$Income_{it} = \alpha_0 + \alpha_1 Medcare_{it} + \alpha_2 X_{it} + \lambda_t + \eta_t + \varepsilon_{it}$$

$Income_{it}$ 表示家庭 i 在 t 时间的收入水平，$Medcare_{it}$ 表示医疗保险参保情况。本书分别使用两种方式对医疗保险进行界定和划分：

第一个层面，是否参保，使用的是 0 和 1 的虚拟变量编码方式。第二个层面，参保类型。针对基本医疗保险的不同类型，本书通过虚拟变量的编码方式，对不同的医疗保险类别进行比较分析，系数 α_1 是我们关注的核心。X_{it} 表示个体 i 在 t 时期的个人特征和家庭特征。ε_{it} 为随着时间变化的误差项。在可持续生计的一致性框架下，本书通过控制个体层面的人口学变量，以及家庭层面的生计资本和生计策略变量，通过面板数据固定效应模型，分析医疗保险参保对于家庭收入的影响。

在控制个体层面变量、家庭层面变量、时间固定效应以及省份固定效应的情况下，医疗保险依然具有显著的收入效应。从这个意义上看，通过推动基本医疗保险的贫困户全覆盖，有助于进一步提升贫困户的家庭收入，帮助贫困家庭实现可持续发展。本书关于医疗保险收入效应的研究发现，和既有研究得出的结果相对比较一致（Pasanchay & Schott，2021；范红丽等，2021；和萍，2019）。

家庭收入和家庭消费是典型的左偏分布。对于家庭收入和家庭消费，左偏分布的含义指的是大部分家庭的收入水平和消费水平会集中在坐标轴的左端，即靠近 0 点的位置。在实际意义上，指的是家庭收入和消费水平会集中在某个较低的值附近，而高收入水平和高消费水平的家庭相对较少。事实上，左偏分布符合社会实际，极高收入的富裕阶层在社会中的占比总体上是少数的，大部分家庭的收入和消费水平相对较低，并且会在特定值附近集中。对于不符合正态分布的因变量，一般使用取对数的形式提高系数估计的准确性。本书绘制了家庭收入和家庭消费变量取对数前后的比较，具体参见图 5－4。

通过家庭收入原始变量的分布图可以发现，中国家庭追踪调查样本中大部分家庭的年收入在 20 万元以下，并且集中在 10 万元附近。通过对家庭年收入取对数之后，收入分布即符合标准的正态分布曲线，以此作为因变量能够获得更加准确的系数估计。对于家庭年消费变量，本书也进行了类似的处理和比较，具体参见图 5－5。

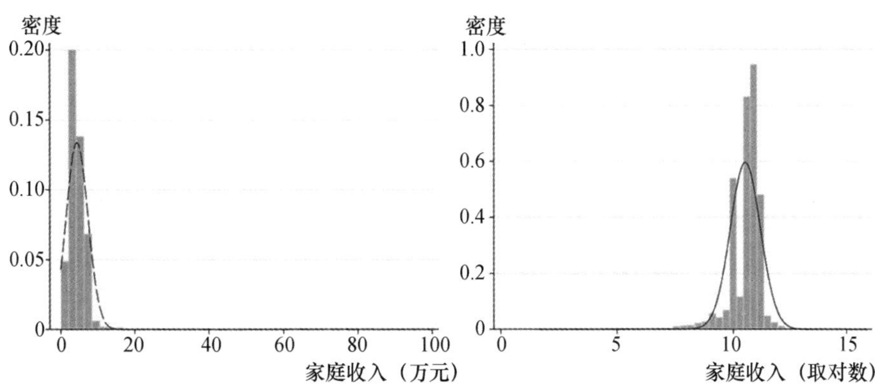

图5-4　家庭收入的分布情况比较分析

资料来源：笔者绘制。

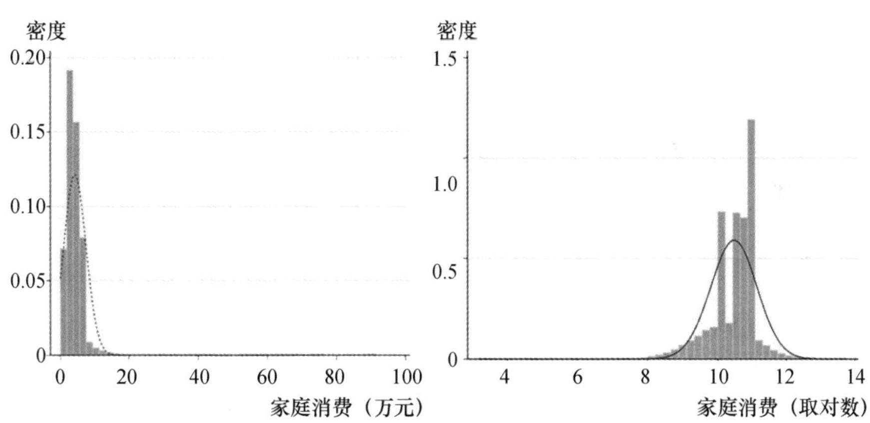

图5-5　家庭消费的分布情况比较分析

资料来源：笔者绘制。

综合分析发现，中国家庭消费的原始数值也呈现左偏分布的状况，集中在20万元以下。对家庭年消费取对数之后，符合正态分布。以家庭年收入的对数和家庭年消费的对数作为因变量，本书进一步分析基本医疗保险参保对于两者的影响。模型具体的估计结果，参见表5-7。

表5－7　基本医疗保险的家庭收入和消费的影响（因变量取对数）

		模型1	模型2
		家庭收入（取对数）	家庭消费（取对数）
	基本医疗保险	0.165***	0.154***
		(0.014)	(0.012)
	年龄	0.007***	0.005***
		(0.000)	(0.000)
	性别	－0.070	－0.065
		(0.143)	(0.127)
	婚姻状况	－0.026	－0.050!
		(0.029)	(0.026)
	教育程度	－0.001	0.004
		(0.004)	(0.004)
	吸烟行为	－0.079***	－0.096***
		(0.018)	(0.016)
物质资本	住房面积	0.005	0.012
		(0.006)	(0.007)
	住房类型	0.001	0.007!
		(0.004)	(0.004)
自然资本	土地面积	0.008*	0.018**
		(0.004)	(0.006)
	土地价值	0.008***	0.012***
		(0.003)	(0.004)
金融资本	现金储蓄额	0.006*	0.008
		(0.003)	(0.005)
	金融资产	0.004***	0.009***
		(0.001)	(0.002)
社会资本	退伍军人/村干部	0.049	0.078
		(0.051)	(0.063)
	能借到钱	0.080***	0.056***
		(0.015)	(0.013)

续表

		模型 1	模型 2
		家庭收入（取对数）	家庭消费（取对数）
人力资本	劳动力数量	0.007 *	0.006
		(0.003)	(0.004)
	平均教育程度	0.001	0.003 !
		(0.002)	(0.002)
	生计策略	0.094 ***	0.260 ***
		(0.011)	(0.009)
	时间固定效应	Yes	Yes
	省份固定效应	Yes	Yes
	常数项	9.870 ***	9.639 ***
		(0.095)	(0.084)
	N	35044	35319
	adj. R^2	0.481	0.444
	F 统计量	127.817 ***	171.780 ***

注：1. 括号内为稳健标准误；2. ! $p < 0.1$，* $p < 0.05$，** $p < 0.01$，*** $p < 0.001$；3. 缺失值删截处理；4. 家庭收入和家庭消费，均取了以 10 为底的对数；5. 表中为面板固定效应模型。

模型 1 的因变量是家庭收入的对数，同时加入了个体层面控制变量、家庭层面控制变量、时间固定效应以及省份固定效应。模型估计结果表明，在控制了个体层面、家庭层面和时间省份固定效应之后，医疗保险对家庭收入依然具有显著的正向影响。具体而言，参加医保的估计系数为 0.165，在 99.9% 的置信水平下显著，说明和未参加医疗保险的群体相比，参加医疗保险的群体的家庭年收入更高，医疗保险具有显著的收入效应。对于个体层面的控制变量，年龄的估计系数为 0.007，在 99.9% 的置信水平下显著。性别的估计系数为 -0.070，没有通过显著性检验。婚姻状况的估计系数为 -0.026，没有通过显著性检验。教育程度的估计系数为 -0.001，没有通过显著性检验。吸烟行为的估计系数为 -0.790，表明抽烟行为对家庭收入具有负向影响。可以发现，在控制了家庭层面的相关变量后，个体层面相关变量对于家庭收入的影响相对比较有限。对于家庭层面的控制变量，住房类型对家庭收入的影响没有通过显著性检验。土地价值对家庭收入的影响系数为 0.008，在 99.9% 的置信水平下显著。金融资产对家庭收入的影响系数为 0.004，在 99.9% 的置信水平下显著，说明金融资产对家庭收入具有显著的正向影响。社会资本的估计系数为 0.080，在 99.9% 的置信水平下显著，说明社会资本对家庭收入具有显著的正向影响。平均教育程度的估计系数为 0.001，没有通过显著性检验。生计策略的估计系数为 0.094，在 99.9% 的置信水平下显著，说明生计策略多样化对于家庭收入具有显著的正向影响。模型 1 的样本量为 35044，调整后的 R^2 为 48.1%，F 统计量为 127.817，p 值小于 0.000。

模型 2 的因变量是家庭消费的对数，家庭消费和家庭的福利水平直接相关，综合采用家庭消费作为因变量，能够对基本医疗保险的收入效应进行更加全面的分析。模型 2 同时加入了个体层面控制变量、家庭层面控制变量、时间固定效应以及省份固定效应。模型估计结果表明，在控制了个体和家庭层面的相关协变量之后，医疗保险对家庭消费依然具有显著的正向影响。具体而言，参加医保的估计系数为 0.154，在 99.9% 的置信水平下显著，说明和未参加医疗保险的群体相比，参加医疗保险的群体的家庭年消费更高。对于个体层面的控制变量，年龄的估计系数为 0.005，在 99.9% 的置信水平下显著。教育程度的估计系数为 0.004，没有通过显著性检验。吸烟行为的估计系数为 -0.096，表明抽烟行为对家庭消费具有负向影响。可以发现，在控制了家庭层面的相关变量后，个体层面相关变量对于家庭消费的影响相对比较有限。对于家庭层面的控制变量，住房类型对家庭消费的影响系数为 0.007，在 90% 的置信水平下显著。土地价值对家庭消费的影响系数为 0.012，在 99.9% 的置信水平下显著。金融资产对家庭消费的影响系数为 0.009，在 99.9% 的置信水平下显著，说明金融资产对家庭消费具有显著的正向影响。社会资本的估计系数为 0.056，在 99.9% 的置信水平下显著，说明社会资本对家庭消费具有显著的正向影响。劳动力数量的估计系数为 0.006，没有通过显著性检验。生计策略的估计系数为 0.260，估计系数在 99.9% 的置信水平下显著，说明生计策略多样化对于家庭消费具有显著的正向影响。模型 2 的样本量为 35319，调整后的 R^2 为 44.4%，F 统计量为 171.780，p 值小于 0.000。

总结来看，通过将因变量调整为家庭收入和家庭消费的对数，重新计算基本医疗保险参保的收入效应，研究发现基本医疗保险对家庭收入和家庭支出依然具有显著的正向影响。这一计算结果和本书前述模型基本一致，说明在考虑到因变量左偏分布的客观情况后，基本医疗保险对家庭收入和家庭消费的正向影响依然存在。

2. 基本医疗保险对贫困发生率的影响

贫困发生率的计算涉及贫困线的划定。实际上，如何确定贫困线是贫困治理的一个重要问题，不同的贫困标准下，贫困状况会呈现不同的特点（李棉管、岳经纶，2020；陈宗胜等，2020；孙久文、夏添，2020）。本书以汪三贵等（2021）提出的收入贫困线为标准，基于中国家庭追踪调查的面板数据计算贫困发生率。关于汪三贵等（2021）提出的收入贫困线，参见表 5－8。

表 5－8　不同收入贫困线下贫困发生率测算

人均收入中位数比例（%）	城镇		农村	
	贫困线（元）	与低保倍数	贫困线（元）	与农村绝对贫困倍数
30	9713	1.40	3797	1.27
40	12951	1.86	5063	1.69
50	16189	2.33	6329	2.11
60	19427	2.79	7595	2.54

资料来源：汪三贵、孙俊娜，2021。

汪三贵等（2021）的研究成果明确提出，将人均可支配收入中位数的40%作为收入贫困线。这就意味着，城镇贫困程度线为家庭人均年收入12951元，农村贫困程度线为家庭人均年收入5063元。采取这一贫困线界定主要有以下两点理由：第一，能够和最低生活保障制度形成政策合力。通过最低生活保障制度进行托底保障，是持续长效减贫的重要政策手段（潘文轩、阎新奇，2020；韩华为等，2018；王文略等，2019）。依据人均可支配收入中位数的40%作为收入贫困线，能够与现行低保标准相对一致，促进了贫困治理与最低生活保障制度的有效衔接。第二，与绝对贫困有序过渡，使贫困发生率处于合理区间（刘倩等，2020；谭雪兰等，2020）。中国在脱贫攻坚战阶段采用的是绝对贫困线，并且在2020年实现了全面脱贫。使用人均可支配收入中位数的40%作为收入贫困线，能够与前期绝对贫困标准实现平稳过渡，避免由于收入贫困线突然提高带来的大量人口贫困问题。

在探讨基本医疗保险的减贫效应时，家庭贫困状况实际上是一个潜变量，需要通过家庭收入这个结果变量，在相对收入贫困线的标准下进行系数估算。因此，参考邱子迅等（2021）的研究成果，本书构建了下列计量模型：

$$Poverty_{it}^{*} = \varphi_0 + \varphi_1 Medcare_{it} + \varphi_2 X_{it} + \lambda_t + \eta_t + \varepsilon_{it}$$

$$Pr\ (Poverty_{it}^{*} = 1) = Pr\ (Income_{it} < povertyline)$$

$Poverty_{it}^{*}$ 是贫困潜变量，贫困发生率和相对收入贫困线密切相关。这就意味着，如果家庭收入水平低于相对收入贫困线的话，则贫困潜变量取值为1，否则取值为0。$Medcare_{it}$ 表示医疗保险参保情况，是本书研究的核心自变量，在变量取值和编码方面，分别使用0和1虚拟变量测量是否参加基本医疗保险，使用多分类虚拟变量测量不用的基本医疗保险类型。系数 φ_1 是我们关注的核心，ε_{it} 为随着时间变化的误差项。

在贫困线的划定方面，依据汪三贵等（2021）的研究成果，将人均收入中位数40%的比例作为收入贫困线，并进一步区分了农村样本和城镇样本。基于此，可以计算出城镇和农村收入贫困标准下的贫困发生率。进一步在可持续生计的理论框架下构建实证模型，依据相对收入的贫困标准，因变量为是否是贫困家庭，因此需要采用面板数据 logit 模型，影响系数是比率比（odd ratio），括号内报告的是标准误，模型估计结果参见表5-9。

表5-9　基本医疗保险对贫困发生率的影响（面板 xtlogit 模型）

		模型1	模型2	模型3	模型4
		农村样本	城镇样本	农村样本	城镇样本
	基本医疗保险	-0.087 (0.044)	-0.124! (0.076)	-0.452** (0.165)	-0.719*** (0.149)
	年龄	0.179*** (0.007)	0.067*** (0.003)	0.197*** (0.010)	0.147*** (0.008)
	性别	9.721 (492.459)	-1.085 (1.077)	10.545 (1085.418)	-10.779 (763.335)
	婚姻状况	-0.703** (0.229)	-0.405*** (0.121)	0.412 (0.266)	0.209 (0.389)
	教育程度	-0.012 (0.049)	-0.194*** (0.035)	0.018 (0.065)	-0.014 (0.073)
	吸烟行为	0.257! (0.148)	0.234* (0.103)	-0.070 (0.172)	-0.033 (0.217)
物质资本	住房面积			-0.127 (0.149)	-0.018* (0.009)
	住房类型			-0.104** (0.033)	-0.013 (0.033)
自然资本	土地面积			-0.057 (0.034)	-0.043 (0.029)
	土地价值			-0.043*** (0.008)	-0.025* (0.013)

续表

		模型 1	模型 2	模型 3	模型 4
		农村样本	城镇样本	农村样本	城镇样本
金融资本	现金储蓄额			-0.078 (0.049)	-0.051* (0.026)
	金融资产			-0.056! (0.034)	-0.048* (0.024)
社会资本	退伍军人/村干部			-0.259*** (0.004)	-0.157 (0.206)
	能借到钱			-0.172! (0.103)	-0.551*** (0.145)
人力资本	劳动力数量			-0.012* (0.006)	-0.016* (0.008)
	平均教育程度			0.003 (0.018)	-0.005 (0.013)
	生计策略			-0.759*** (0.081)	-1.463*** (0.088)
	时间固定效应	No	No	Yes	Yes
	省份固定效应	No	No	Yes	Yes
	N	7259	12450	5763	4692
	Log likelihood	-1552.22	-3846.72	-1121.52	-957.96
	LR chi2 (6)	2340.27	1367.50	2061.03	1629.04

注：1. 括号内为标准误；2. ! $p < 0.1$，* $p < 0.05$，** $p < 0.01$，*** $p < 0.001$；3. 面板数据 xtlogit 模型，报告的影响系数为比率比（odd ratio）。

模型 1 是农村样本，依据人均收入中位数 40% 的比例作为相对收入贫困线，即农村的相对收入贫困线为年家庭人均纯收入 5063 元，将样本家庭区分为贫困户和非贫困户，作为模型 1 的因变量。控制变量主要是个体层面的相关变量，包括年龄、性别、婚姻状况、教育程度和吸烟行为，未对家庭层面的变量进行控制，也没有控制时间固定效应和省份固定效应。模型 1 估计相关显示，有医疗保险对家庭贫困发生率没有显著的影响，比率比为 -0.087，没有通过显著性检验，一个可能的原因是由于未控制家庭层面的相关变量，因此在模型1中医疗保险的估计系数不显著。控制变量层面，年龄的比率比为0.179，在99.9%的置信水平下显著。婚姻状况的比率比为-0.703，在99%的置信水平下显著。教育程度的比率比为-0.012，没有通过显著性检验。吸烟行为的比率比为0.257，在90%的置信水平下显著，说明和不吸烟的群体相比，吸烟行为有可能会增加家庭的贫困发生率。模型1的样本量为7259，Log likelihood为-1552.22，LR chi2（6）值为2340.27。

模型2的研究对象是城镇样本，依据前文提出的城镇的相对收入贫困线为年家庭人均纯收入12951元，可以将样本家庭区分为贫困家庭和非贫困家庭。同时控制了包括年龄、性别、婚姻状况、教育程度和吸烟行为在内的个体层面协变量。模型2的估计结果显示，和没有参加医疗保险的群体相比，参加医疗保险对贫困发生率更低，比率比为-0.124，在90%的置信水平下显著。控制变量层面，年龄的比率比为0.067，在99.9%的置信水平下显著。婚姻状况的比率比为-0.405，在99.9%的置信水平下显著。教育程度的比率比为-0.194，在99.9%的置信水平下显著，说明教育程度越高，贫困发生率越低。吸烟行为的比率比为0.234，在95%的置信水平下显著，说明和不吸烟的群体相比，吸烟行为有可能会增加家庭的贫困发生率。模型2的样本量为12450，Log likelihood为-3846.72，LR chi2（6）值为1367.50。

模型3是农村样本，在模型1的基础上控制了家庭层面的变量、时间固定效应和省份固定效应。模型的实证结果显示，参加基本医疗保险能够显著地降低家庭陷入贫困的概率，实证估计的比率比为-0.452，在99%的置信水平下显著。对于个体层面的控制变量而言，年龄的比率比为0.197，在99.9%的置信水平下显著。性别的比率比为10.545，没有通过显著性检验。婚姻状况的比率比为0.412，没有通过显著性检验。教育程度的比率比为0.018，但是不显著。吸烟行为的比率比为-0.070，没有通过显著性检验。对于家庭层面的控制变量而言，住房类型的比率比为 -0.104，系数在99%的置信水平下显著，说明住房类型状况越好，家庭越不容易陷入贫困。金融资产的比率比为 -0.056，在90%的置信水平下显著，说明金融资产状况越好，家庭越不容易陷入贫困。社会资本的比率比为 -0.172，在90%的置信水平下显著，说明社会资本越丰富，家庭越不容易陷入贫困。平均教育程度的比率比为0.003，没有通过显著性检验。在生计策略方面，比率比为 -0.759，在99.9%的置信水平下显著，说明生计策略多样化有利于降低贫困概率。脆弱性背景的估计系数为0.395，在99%的置信水平下显著，说明脆弱性背景会提高家庭陷入贫困的概率。模型3的样本量为5763，Log likelihood 为 -1121.52，LR chi2（6）值为2061.03。

模型4的分析对象是城镇样本，在模型2的基础上控制了家庭层面的变量、时间固定效应和省份固定效应。实证模型的结果显示，对于城镇家庭而言，参加基本医疗保险能够显著地降低家庭陷入贫困的概率，医疗保险的比率比为 -0.719，在99.9%的置信水平下显著。对于个体层面的控制变量而言，年龄的比率比为0.147，在99.9%的置信水平下显著。性别的比率比为 -10.779，没有通过显著性检验。婚姻状况的比率比为0.209，没有通过显著性检验。教育程度的比率比为 -0.014，但是不显著。吸烟行为的比率比为 -0.033，没有通过显著性检验。对于家庭层面的控制变量而言，住房类型的比率比为 -0.013，没有通过显著性检验。土地价值的比率比为 -0.025，在95%的置信水平下显著。金融资产的比率比为 -0.048，在95%的置信水平下显著，说明金融资产状况越好，家庭越不容易陷入贫困。社会资本的比率比为 -0.551，在99.9%的置信水平下显著，说明社会资本越丰富，家庭越不容易陷入贫困。平均教育程度的比率比为 -0.005，没有通过显著性检验。在生计策略方面，比率比为 -1.463，在99.9%的置信水平下显著，说明生计策略多样化有利于降低贫困概率。脆弱性背景的比率比为0.123，在99%的置信水平下显著，说明脆弱性背景会提高家庭陷入贫困的概率。模型 4 的样本量为 4692，Log likelihood 为 -957.96，LR chi2（6）值为 1629.04。

综合模型 3 和模型 4 的估计结果，可以得出以下两点结论：第一，基本医疗保险具有显著的减贫效应。在控制了个体层面协变量、家庭层面协变量以及时间固定效应和省份固定效应之后，参加基本医疗保险对于贫困发生率的比率比显著为负，说明参加基本医疗保险能够显著地降低家庭陷入贫困的概率。本书的这一发现，和现有的关于基本医疗保险减贫效应的研究结论相一致（翟绍果，2018；潘文轩，2018；谢远涛、杨娟，2018；范红丽等，2021；Zeng et al.，2019；Zhang et al.，2016）。第二，基本医疗保险的减贫效应，在农村家庭和城镇家庭之间存在一定的差异。既有研究发现，城镇职工基本医疗保险、城镇居民基本医疗保险以及新型农村合作医疗的减贫效应是存在差异的（周坚等，2019；张鑫、赵苑达，2020；申曙光，2021；Zhu et al.，2017）。本书关于基本医疗保险减贫效应的城乡差异的发现和既有研究比较一致。对于农村样本而言，在控制了个体家庭层面的协变量以及省份时间固定效应之后，基本医疗保险的估计系数为 -0.452，在 99.9% 的置信水平下显著。对于城镇样本而言，在控制了个体家庭层面的协变量以及省份时间固定效应之后，基本医疗保险的估计系数为 -0.719，在 99.9% 的置信水平下显著。

二　医保减贫的稳健性检验

稳健性检验方面，本书通过替换因变量测量指标的方式进行稳健性检验。现有研究发现，家庭消费能够对家庭的福利状况进行更加准确的衡量，家庭消费能够有效测量生计结果状况（Merritt et al.，2016；Li et al.，2021；汤青，2015）。因此，下文使用家庭消费指标替代家庭收入指标，对医疗保险参保行为的收入效应进行稳健性检验。稳健性检验的结果，参见表 5-10。

表5-10 稳健性检验：基本医疗保险对家庭消费的影响

		模型1	模型2	模型3	模型4
		家庭消费	家庭消费	家庭消费	家庭消费
	基本医疗保险	0.910***	0.711***	0.829***	0.399***
		(0.040)	(0.078)	(0.046)	(0.094)
	年龄		0.005**		0.012***
			(0.002)		(0.002)
	性别		-0.212		0.077
			(0.810)		(0.969)
	婚姻状况		-0.211		-0.175
			(0.138)		(0.197)
	教育程度		0.065**		0.022
			(0.023)		(0.028)
	吸烟行为		-0.403***		-0.267*
			(0.098)		(0.122)
物质资本	住房面积			0.014	0.027
				(0.019)	(0.013)
	住房类型			0.006	0.014
				(0.022)	(0.029)
自然资本	土地面积			0.008	0.036
				(0.007)	(0.025)
	土地价值			0.005***	0.014***
				(0.002)	(0.003)
金融资本	现金储蓄额			0.019***	0.028***
				(0.004)	(0.005)
	金融资产			0.012***	0.009***
				(0.002)	(0.001)
社会资本	退伍军人/村干部			0.212*	0.187!
				(0.108)	(0.117)
	能借到钱			0.304***	0.297**
				(0.078)	(0.101)

续表

		模型 1	模型 2	模型 3	模型 4
		家庭消费	家庭消费	家庭消费	家庭消费
人力资本	劳动力数量			0. 145 ***	0. 014 *
				(0. 003)	(0. 007)
	平均教育程度			0. 108 ***	0. 007
				(0. 006)	(0. 013)
	生计策略			1. 218 ***	1. 296 ***
				(0. 056)	(0. 072)
	时间固定效应	No	Yes	Yes	Yes
	省份固定效应	No	Yes	Yes	Yes
	常数项	3. 611 ***	3. 027 ***	1. 548 ***	1. 609 *
		(0. 034)	(0. 525)	(0. 091)	(0. 642)
	N	67962	42999	51758	35323
	adj. R^2	0. 241	0. 437	0. 267	0. 490
	F 统计量	511. 277 ***	19. 492 ***	393. 908 ***	109. 593 ***

注：1. 括号内为稳健标准误；2. ! p < 0. 1，* p < 0. 05，** p < 0. 01，*** p < 0. 001；3. 缺失值删截处理；4. 家庭消费的单位是万元。

模型 1 是仅纳入了医疗保险和家庭消费两个变量，也未对时间固定效应和省份固定效应进行控制。研究发现，和没有参加医疗保险的群体相比，参加医疗保险的家庭消费更高，影响系数为 0. 910，在 99. 9% 的置信水平下显著。换言之，从边际意义上看，参加医疗保险，比未参加医疗保险，家庭年收入要多 0. 910 万元。模型 1 的样本量为 67962，调整后的 R^2 为 24. 1%，F 统计量为 511. 277，p 值小于 0. 000。

模型 2 控制了年龄、性别、婚姻状况、教育程度和吸烟行为等个体层面的协变量，同时对时间固定效应和省份固定效应进行了控制。面板数据固定效应模型的回归结果显示，参加基本医疗保险对家庭消费具有显著的正向影响。参加医保的估计系数为 0. 711，在 99. 9% 的置信水平下显著，说明和未参加医疗保险的群体相比，参加医疗保险的群体其家庭年收入要高 0.711 万元。在个体层面的控制变量方面，年龄的估计系数为 0.005，在 99% 的置信水平下显著。婚姻状况的估计系数为 -0.211，没有通过显著性检验。教育程度的估计系数为 0.065，在 99% 的置信水平下显著，表明教育程度对家庭消费具有显著的正向影响。吸烟行为的估计系数为 -0.403，在 99.9% 的置信水平下显著，吸烟行为对家庭消费具有一定的负面影响。模型 2 样本量为 42999，调整后的 R^2 为 43.7%，F 统计量为 19.492，p 值小于 0.000。

模型 3 控制了家庭层面的协变量，包括生计资本和生计策略的相关测量，同时对时间固定效应和省份固定效应进行了控制。回归结果表明，医疗保险对家庭消费具有显著的正向影响。在具体的模型估计系数方面，参加医保的估计系数为 0.829，在 99.9% 的置信水平下显著，说明和未参加医疗保险的群体相比，参加医疗保险的群体的家庭消费要多 0.829 万元。在家庭维度的控制变量方面，生计资本对家庭消费具有比较显著的正向影响，具体而言，住房类型对家庭消费的估计系数为 0.006，没有通过显著性检验。土地价值对家庭消费的影响系数为 0.005，在 99.9% 的置信水平下显著。金融资产对家庭消费的影响系数为 0.012，在 99.9% 的置信水平下显著，说明金融资产对家庭消费具有显著的正向影响。社会资本的估计系数为 0.304，在 99.9% 的置信水平下显著。平均教育程度的估计系数为 0.108，在 99.9% 的置信水平下显著，说明平均教育程度对家庭具有显著的正向影响。生计策略的估计系数为 1.218，在 99.9% 的置信水平下显著，说明生计策略多样化对于家庭消费具有显著的正向影响。在边际意义上，生计策略多样化的家庭，比生计策略单一化的家庭年消费要高 1.218 万元。模型 3 样本量为 51758，调整后的 R^2 为 26.7%，F 统计量为 393.908，p 值小于 0.000。

模型 4 是对个体层面、家庭层面、时间固定效应以及省份固定效应都进行了控制。回归结果显示，医疗保险对家庭消费的估计系数为 0.399，在 99.9% 的置信水平下显著，说明和未参加医疗保险的群体相比，参加医疗保险的群体的家庭年消费更高。在边际意义上，和未参加医疗保险的群体相比，参加医疗保险的群体家庭年消费要高3990元。对于个体层面的控制变量，年龄的估计系数为0.012，在99.9%的置信水平下显著。婚姻状况的估计系数为-0.175，没有通过显著性检验。教育程度的估计系数为0.022，没有通过显著性检验。可以发现，在控制了家庭层面的相关变量后，个体层面相关变量对于家庭消费的影响相对比较有限。对于家庭层面的控制变量，物质资本对家庭消费的影响没有通过显著性检验。土地价值对家庭消费的影响系数为0.014，在99.9%的置信水平下显著。金融资产对家庭消费的影响系数为0.009，在99.9%的置信水平下显著，说明金融资产对家庭消费具有显著的正向影响。社会资本的估计系数为0.297，在99%的置信水平下显著，说明社会资本对家庭消费具有显著的正向影响。生计策略的估计系数为1.296，在99.9%的置信水平下显著，说明生计策略多样化对于家庭消费具有显著的正向影响。模型4的样本量为35323，调整后的R^2为49.0%，F统计量为109.593，p值小于0.000。

综合稳健性检验的结果，可以发现医疗保险对家庭收入和家庭消费都具有显著的正向影响。上述分析遗留下一个问题，即基本医疗保险的收入效应是如何实现的？换言之，哪些变量和要素在基本医疗保险参保和家庭消费增加之间起到了作用？可持续生计理论认为，家庭收入和消费属于生计结果的范畴，而生计结果会受到生计资本和生计策略等因素的影响（McKenzie et al.，2014；李树茁等，2021）。实际上，生计资本、生计策略和生计结果之间存在多个方面额度内在联系，其影响路径是一个值得深入探讨的问题。

除此之外，基本医疗保险制度对贫困发生率的影响是否稳健？有必要进行进一步的检验。替换因变量测量指标是一种常用的稳健性检验方法。对于相对收入贫困线的划定会在很大程度上影响到贫困发生率的水平，前述模型选定了人均可支配收入中位数的40%作为相对收入贫困线。本书通过替换相对收入贫困标准，分别使用30%和50%的相对收入贫困线对贫困发生率进行重新计算，以此对基本医疗保险制度的减贫效应进行稳健性检验。模型的估计结果参见表5－11。

表5－11 稳健性检验：基本医疗保险对贫困发生率的影响（30%和50%相对收入贫困线）

		贫困线标准：30%		贫困线标准：50%	
		模型1	模型2	模型3	模型4
		农村样本	城镇样本	农村样本	城镇样本
	参照组：无医保				
	基本医疗保险	－0.229!	－1.100***	－0.121*	－0.964***
		(0.138)	(0.080)	(0.062)	(0.176)
	年龄	－0.185***	－0.102***	－0.615***	－0.141***
		(0.012)	(0.003)	(0.016)	(0.008)
	性别	10.024	－1.320	1.156	16.085
		(636.180)	(1.216)	(1.855)	(2845.213)
	婚姻状况	－0.243	－0.486**	－0.161	－0.316
		(0.275)	(0.170)	(0.249)	(0.428)
	教育程度	－0.007	－0.074*	－0.037	－0.074
		(0.062)	(0.034)	(0.045)	(0.072)
	吸烟行为	0.320!	0.449***	0.167	0.292
		(0.178)	(0.120)	(0.157)	(0.225)
物质资本	住房面积	－0.054	－0.031	－0.009	－0.017
		(0.028)	(0.017)	(0.012)	(0.009)
	住房类型	－0.042	－0.015	－0.130	－0.020
		(0.036)	(0.028)	(0.139)	(0.037)
自然资本	土地面积	－0.018***	－0.014	－0.008*	－0.016
		(0.003)	(0.009)	(0.004)	(0.010)
	土地价值	－0.012***	－0.008	－0.004*	－0.012!
		(0.004)	(0.010)	(0.002)	(0.007)

续表

		贫困线标准：30%		贫困线标准：50%	
		模型1	模型2	模型3	模型4
		农村样本	城镇样本	农村样本	城镇样本
金融资本	现金储蓄额	-0.012	-0.014*	-0.011	-0.025*
		(0.009)	(0.007)	(0.006)	(0.012)
	金融资产	-0.009	-0.005*	-0.008!	-0.014*
		(0.010)	(0.003)	(0.005)	(0.007)
社会资本	退伍军人/村干部	-0.184*	-0.155***	-0.146	-0.478**
		(0.092)	(0.093)	(0.130)	(0.160)
	能借到钱	-0.217*	-0.466***	-0.032	-0.478**
		(0.110)	(0.118)	(0.132)	(0.160)
人力资本	劳动力数量	-0.008*	-0.016!	-0.027	-0.042
		(0.004)	(0.009)	(0.026)	(0.051)
	平均教育程度	-0.002	-0.022!	-0.034!	-0.013
		(0.019)	(0.012)	(0.019)	(0.014)
	生计策略	-0.794***	-1.260***	-2.016***	-1.474***
		(0.087)	(0.075)	(0.099)	(0.096)
	时间固定效应	Yes	Yes	Yes	Yes
	省份固定效应	Yes	Yes	Yes	Yes
	N	4633	11227	13477	3736
	Log likelihood	-991.09	-2683.59	-1365.08	-789.74
	LR chi2（12）	1450.64	2944.96	7129.71	1246.06

注：1. 括号内为标准误；2. ! $p < 0.1$，* $p < 0.05$，** $p < 0.01$，*** $p < 0.001$；3. 采用数据 logit 模型，影响系数为比率比（odd ratio）。

第一，本书依据人均可支配收入中位数的30%作为相对收入贫困线，构建了模型1和模型2，分别对应的是农村样本和城镇样本。依据汪三贵等（2021）提出的相关贫困划分方法，30%的标准对应着贫困程度线为家庭人均年收入9713元，农村贫困程度线为家庭人均年收入3797元。

模型1是农村样本，在可持续生计的理论框架下控制了家庭层面的生计资本、生计策略和脆弱性背景，并进一步对个体层面的年龄、性别、教育程度、婚姻状况等变量进行了控制。为了提高系数估计的准确性，排除结构性的因素，通过时间虚拟变量和省份虚拟变量，对时间固定效应和省份固定效应进行了控制。模型估计结果发现，和未参加基本医疗保险的群体相比，参加基本医疗保险的群体贫困发生率更低。个体层面的控制变量的影响效应较低，尤其是在控制了家庭层面变量之后。具体而言，年龄的比率比为 -0.185，在99.9%的置信水平下显著。性别的比率比为10.024，没有通过显著性检验。婚姻状况的比率比为 -0.243，没有通过显著性检验。教育程度的比率比为 -0.007，没有通过显著性检验。吸烟行为的比率比为0.320，在90%的置信水平下显著，说明和不吸烟的群体相比，吸烟对于贫困发生率具有显著的正面影响。对于家庭层面的控制变量而言，住房类型的比率比为 -0.042，没有通过显著性检验。土地价值的比率比为 -0.012，在99.9%的置信水平下显著。金融资产的比率比为 -0.009，没有通过显著性检验。社会资本的比率比为 -0.217，比率比在95%的置信水平下显著，说明社会资本对贫困发生率具有显著的负向影响。平均教育程度的比率比为 -0.002，没有通过显著性检验。在生计策略方面，比率比为 -0.794，比率比在99.9%的置信水平下显著，说明生计策略多样化对于贫困发生率具有显著的负向影响。脆弱性背景的影响系数为0.246，比率比在99%的置信水平下显著，说明生计背景的脆弱性对于贫困发生率具有显著的正向影响。模型1的样本量为4633，Log likelihood 为 -991.09，LR chi2（12）值为1450.64。

模型2是城镇样本，使用logit模型进行比率比的估计，同时控制了个体层面的人口学变量、家庭层面的生计变量以及时间固定效应和省份固定效应。模型的实证估计结果表明，基本医疗保险制度具有显著的减贫效应。基本医疗保险参保对家庭贫困发生率的比率比为 -1.100，在99.9%的置信水平下显著，说明基本医疗保险参保能够显著地降低家庭贫困发生率。对个体层面的控制变量而言，年

龄的比率比为 -0.102，在99.9%的置信水平下显著。性别的比率比为 -1.320，没有通过显著性检验。教育程度的比率比为 -0.074，在95%的置信水平下显著。吸烟行为的比率比为0.449，在99.9%的置信水平下显著，说明和不吸烟的群体相比，吸烟对于贫困发生率具有显著的正面影响。对于家庭层面的控制变量而言，住房类型的比率比为 -0.015，没有通过显著性检验。土地价值的比率比为 -0.008，没有通过显著性检验。金融资产的比率比为 -0.005，在95%的置信水平下显著。社会资本的比率比为 -0.466，比率比在99.9%的置信水平下显著，说明社会资本对贫困发生率具有显著的负向影响。平均教育程度的比率比为 -0.022，比率比在90%的置信水平下显著。在生计策略方面，比率比为 -1.260，比率比在99.9%的置信水平下显著，说明生计策略多样化对于贫困发生率具有显著的负向影响。脆弱性背景的影响系数为0.185，比率比在99.9%的置信水平下显著，说明生计背景的脆弱性对于贫困发生率具有显著的正向影响。模型2的样本量为11227，Log likelihood为 -2683.59，LR chi2（12）值为2944.96。

第二，将人均可支配收入中位数的50%作为相对收入贫困线，重新计算贫困发生率。并以此作为相对收入贫困标准，构建了模型3和模型4。这是一个相对较高的标准，按照人均可支配收入中位数的50%的相对收入贫困线标准，对应着城镇家庭人均年收入16189元，农村贫困程度线为家庭人均年收入6329元。汪三贵等（2021）依据50%的标准，计算发现城镇贫困发生率为18.04，贫困人口规模为14998万人；农村贫困发生率为19.13，贫困人口规模为10790万人。

模型3以农村样本为研究对象，控制了家庭层面的生计资本、生计策略和脆弱性背景，并进一步对个体层面的年龄、性别、教育程度、婚姻状况等变量进行了控制。为了提高系数估计的准确性，排除结构性的因素，通过时间虚拟变量和省份虚拟变量，对时间固定效应和省份固定效应进行了控制。模型估计结果发现，和未参加基本医疗保险的群体相比，参加基本医疗保险的群体贫困发生率更低。个体层面的控制变量方面，年龄的比率比为 -0.615，在99.9%的置信水平下显著。性别的比率比为1.156，没有通过显著性检验。婚姻状况的比率比为 -0.161，没有通过显著性检验。对于家庭层面的控制变量而言，住房类型的比率比为 -0.130，没有通过显著检验。土地价值的比率比为 -0.004，在95%的置信水平下显著。金融资产的比率比为 -0.008，在90%的置信水平下显著。社会资本的比率比为 -0.032，没有通过显著性检验。平均教育程度的比率比为 -0.034，在90%的置信水平下显著。在生计策略方面，比率比为 -2.016，比率比在99.9%的置信水平下显著，说明生计策略多样化对于贫困发生率具有显著的负向影响。脆弱性背景的影响系数为0.214，比率比在90%的置信水平下显著，说明生计背景的脆弱性对于贫困发生率具有显著的正向影响。模型的3样本量为13477，Log likelihood 为 -1365.08，LR chi2（12）值为7129.71。

模型4的研究对象是城镇样本，模型估计的比率比显著为负，说明基本医疗保险制度具有显著的减贫效应。基本医疗保险参保对家庭贫困发生率的比率比为 -0.964，在99.9%的置信水平下显著，说明基本医疗保险参保能够显著地降低家庭贫困发生率。对个体层面的控制变量而言，年龄的比率比为 -0.141，在99.9%的置信水平下显著。性别的比率比为16.085，没有通过显著性检验。婚姻状况的比率比为 -0.136，没有通过显著性检验。吸烟行为的比率比为0.292，估计系数不显著。对于家庭层面的控制变量而言，住房类型的比率比为 -0.020，没有通过显著性检验。土地价值的比率比为 -0.012，比率比在90%的置信水平下显著。金融资产的比率比为 -0.014，在95%的置信水平下显著。社会资本的比率比为 -0.478，比率比在99%的置信水平下显著，说明社会资本对贫困发生率具有显著的负向影响。平均教育程度的比率比为 -0.013，没有通过显著性检验。生计策略的比率比为 -1.474，比率比在 99.9% 的置信水平下显著，说明生计策略多样化对于贫困发生率具有显著的负向影响。脆弱性背景的影响系数为 0.185，比率比在 99.9% 的置信水平下显著，说明生计背景的脆弱性对于贫困发生率具有显著的正向影响。模型 4 的样本量为 3736，Log likelihood 为 -789.74，LR chi2（12）值为 1246.06。

综合稳健性检验的结果，可以发现基本医疗保险制度的减贫效应十分稳健，在分别采用不同的相对收入贫困线进行系数估计之后，基本医疗保险参保依然能够显著地降低家庭的贫困发生率。此外，通过变更相对收入贫困标准，发现贫困发生率会急剧变化，贫困人口群体总数也会迅速改变，这从侧面说明了确定一个相对合理的贫困标准，对于贫困程度问题的治理至关重要（林闽钢，2020；檀学文，2020；谭雪兰等，2020；Liu et al.，2019；Peng et al.，2019）。

三　医保减贫的因果推断

上述面板数据固定效应模型计算出的估计系数，本质上仍然是相关关系的范畴，因此有必要对基本医疗保险和贫困程度之间的因果关系进一步探讨。下文拟采用倾向得分匹配的因果推断方法，在可持续生计的一致性框架中，分析医疗保险和贫困程度之间的因果联系。

倾向得分匹配方法是进行因果推断的重要方法。由于遗漏变量、测量偏差以及逆向因果等问题的存在，传统的回归方法面临着内生性问题的挑战，因此从严格意义上讲，回归系数呈现的是相关关系而非因果关系。为了在一定程度上减轻内生性问题对实证分析的挑战，发展出了诸多基于调查数据探讨因果关系的方法，倾向值匹配方法是分析内生性问题的主要方法之一（Heckman，1978；王思琦，2018；胡安宁，2012）。从倾向值匹配基本原理的角度看，实际上是通过调查数据在统计上构造一个实验组和一个对照组，通过将协变量进行匹配，进而识别出核心政策自变量和结果变量之间的因果关系（Rosenbaum，2002；Xie & Wu，2008）。本章主要探讨基本医疗保险的健康效应，参保和未参保是一个典型的二分虚拟变量，也可以理解为一种特殊的政策刺激，因此，倾向得分匹配方法适合探讨医疗保险参保影响贫困程度状况这一研究议题。参照胡安宁（2012）的相关研究，本书按照以下步骤进行倾向值匹配因果推断。

首先，计算倾向得分。一般而言，样本匹配的方法是通过统计模型预测接受政策刺激的概率，即倾向值得分。在本书的研究议题中，即参加基本医疗保险的概率。本书在可持续生计理论的一致性框架下，控制个体层面的相关要素以及家庭层面的生计资本和生计策略等变量，通过常用的 logit 模型，预测参加医疗保险的倾向得分，具体结果参见表 5 - 12。

表 5 - 12　参保基本医疗保险的倾向值预测模型（Gaussian 函数）

		参保基本医疗保险
	年龄	0.015***
		(0.001)
	性别	0.088
		(0.055)
	婚姻状况	0.529***
		(0.056)
	教育程度	0.016**
		(0.005)
	吸烟行为	0.160**
		(0.057)
物质资本	住房面积	0.028
		(0.019)
	住房类型	0.068***
		(0.016)

续表

		参保基本医疗保险
自然资本	土地面积	0. 034 (0. 027)
	土地价值	0. 002 *** (0. 001)
金融资本	现金储蓄额	0. 056 (0. 071)
	金融资产	0. 004 *** (0. 001)
社会资本	退伍军人/村干部	0. 026 (0. 018)
	能借到钱	-0. 434 *** (0. 057)
人力资本	劳动力数量	0. 019 (0. 011)
	平均教育程度	0. 014 (0. 009)
	生计策略	0. 547 *** (0. 054)
	截距项	0. 960 *** (0. 126)
	Sigma_u	1. 355 *** (0. 041)
	lnsig2u	0. 608 *** (0. 061)
	N	35323
	Pseudo. R^2	0. 218
	Log likelihood	12263. 741 ***

注：! $p < 0.1$，* $p < 0.05$，** $p < 0.01$，*** $p < 0.001$。

在控制了个体层面和家庭层面的相关变量后，通过 logit 模型估计调查样本参加基本医疗保险的概率。对于个体层面的控制变量而言，年龄的比率比为0.015，在99.9%的置信水平下显著。性别的比率比为0.088，没有通过显著性检验。婚姻状况的比率比为0.529，在99.9%的置信水平下显著。教育程度的比率比为0.016，在99%的置信水平下显著。吸烟行为的比率比为0.160，在99%的置信水平下显著。对于家庭层面的控制变量而言，住房类型的比率比为0.068，在99.9%的置信水平下显著。土地价值的比率比为0.002，在99.9%的置信水平下显著。金融资产的比率比为0.004，在99.9%的置信水平下显著。在生计策略方面，比率比为0.547，标准误为0.054，在99.9%的置信水平下显著。预测倾向得分模型的样本量为35323，sigma_u 为1.355，lnsig2u 值为0.608，伪 R^2 为21.8%，Log likelihood 值为12263.741，p 值小于0.001。综合倾向得分预测模型可以发现，在个体层面，年龄越大、教育程度越高、在婚状态以及吸烟的社会群体更有可能参加基本医疗保险。家庭层面的生计资本和生计策略对参保行为均有一定的预测作用。需要特别指出的是，根据关于倾向得分匹配的相关研究（Morgan，2001；胡安宁，2012；樊丽明、解垩，2014），预测倾向值的估计模型系数并没有实际的理论含义，更多的是统计意义上的作用。

其次，样本匹配与协变量偏差检验。在前述步骤获取了社会群体参加医疗保险的倾向得分之后，可以根据特定的方法把得分相近的群体进行配对。一般意义上，常用的样本匹配方法有三种：一是邻近匹配，即按照一定的配对比例，将得分相近但是自变量不同的样本进行匹配。二是半径匹配，即在一定的半径范围选择配对样本。三是核函数匹配，通过特定的函数确定匹配范围。本书同时采用三种匹配方法，以期获得更加准确的系数估计。邻近匹配的比例是1∶4，即一个未参保个体匹配4个参保个体，这一配对比例和样本的总体分布相一致，能够最大限度地利用样本信息。半径匹配采用的是默认的半径0.01。核函数匹配参照 Guo 等（2010）的相关研究，采用的是 kernel 函数进行计算。通过1∶4的比例进行样本倾向值得分的邻近匹配，可以发现匹配之后协变量的偏差有效减少，在图中则变现为更加靠近坐标中的取值为0的参照基线。匹配之后协变量偏差变小，在理论上意味着配对成功的样本，在个体层面和家庭生计层面的差异很小，在统计上可以认为配对个体是健康状况差异的唯一来源，是政策刺激。在本书中，政策刺激是是否参保。在统计意义上，基本医疗保险参保是实验组，未参保是对照组。通过1∶4的比例进行样本倾向值得分的邻近匹配，可以发现匹配之后协变量的偏差有效减少，在图中则变现为更加靠近坐标中的取值为0的参照基线。匹配之后协变量偏差变小，在理论上意味着配对成功的样本，在个体层面和家庭生计层面的差异很小，在统计上可以认为配对个体是健康状况差异的唯一来源，是政策刺激。在本书中，政策刺激是是否参保二分虚拟变量。

再次，共同支持域（common support range）检验。对协变量偏差进行比较之后，还有必要对共同支持域进行进一步的检验。在前述步骤获取了研究个体的倾向值，以及对协变量偏差进行比较之后，可以发现数据库中存在一些研究对象的倾向值太高或者太低，难以找到相似的匹配对象。这些倾向得分处于异常值区间的调查对象，难以找到相类似的匹配对象，同时也体现为匹配之后协变量层面的偏差过大。正是由于倾向得分异常个体的存在，因此有必要对这部分样本进行处理。共同支持域检验（common support）可以发现倾向值异常的研究对象，并且在进一步分析中将这部分对象进行删除，以期获得更加准确的因果关系系数。

共同支持域的检验结果表明，通过邻近匹配之后，参加医保的研究对象和未参加医保的研究对象能够配对。通过共同支持域检验之后，意味着匹配好的样本仅仅存在是否参加医保的区别，而在个体层面和家庭生计层面是高度相似的。这就意味着，调查样本当中参加医保的群体和未参加医保群体的组间差异，仅仅是医保参加情况的区别。

完成匹配之后，有必要对数据进行敏感性检验。敏感性检验指的是在匹配完成之后，检验是否还有混淆变量被遗漏而造成系数估计的误差（胡安宁，2012）。就本书的研究而言，在完成样本的匹配以后，理想的状况应该是每一个混淆变量在参保群体和未参保群体之间没有显著的差异。如果没有显著差异，则认为样本是平衡的。倾向得分匹配法的敏感性分析，就是用来检验在预测倾向值时是否遗漏了混淆变量。本书使用 Rosenbaum 和 Rubin（1983）提出的敏感性检验方法，使用 γ 系数来指代可能遗漏的混淆变量对于是否参保的影响。一般意义上，如果 γ 系数取值接近 2 的时候平均处理效应才变得不显著，则可以认为没有遗漏的混淆变量，平均处理效应的结果是稳健的（Lin et al.，1997；陈云松、范晓光，2017）。在本书的倾向值匹配的敏感性检验中，本书依次计算的 γ 系数取值为 3 时，平均处理效应才在 90% 的置信水平上不显著，因此可以认为本书的倾向得分匹配结果通过了敏感性检验，系数估计是稳健的。

最后，获取因果关系系数。通过前述步骤，本书获得了基本医疗保险影响研究对象健康状况的因果关系系数。根据相关研究（王思琦，2018；胡安宁，2012），因果关系系数可以进一步细分为 ATT、ATU 和 ATE 三类，其中平均处理效应，指的是实验组的政策效应，是倾向得分匹配关注的核心结果。

将倾向得分匹配得出的因果关系系数和基准回归模型进行比较，研究发现倾向得分匹配法的因果关系系数和基准模型的因果关系系数相对一致。这说明在医疗保险减贫效应这一研究议题中，基于可持续生计理论控制相关变量之后，医疗保险和贫困程度之间的内生性问题不构成严重的挑战，这从侧面进一步佐证了本书分析结果的稳健性。从理论上看，城镇职工基本医疗保险是强制参加的，不存在样本的自选择问题，即无样本自我选择偏误。

第三节 医保减贫的异质性检验

异质性是政策效应研究不可忽视的内在规律，异质性表现为同样的制度安排，对于不同的社会群体会产生不同的影响。基本医疗保险的减贫效应，很可能在不同的社会群体之间产生差异。本书参照既有的相关研究做法，分别使用年龄、城乡、基本医疗保险类型以及家庭收入分位数等标准进行分组，探讨基本医疗保险减贫效应的异质性影响。

一　年龄分组

理论上看，不同年龄阶段的社会群体对于医疗服务的需求会有较大的差异，因此医疗保险的减贫效应有可能会存在异质性的影响。因此，本书通过年龄分组进一步细分样本，构建面板数据固定效应模型，探讨医疗保险减贫效应在不同年龄段的异质性影响。不同年龄阶段的群体，对于基本医疗保险的使用频次存在显著的区别。进一步来看，基本医疗保险的减贫效应，在不同的年龄段人群中，可能会存在异质性的影响，因此有必要对不同的年龄分组进行区分（洪灏琪等，2021；何文、申曙光，2021）。一般意义上，老年人对医药服务和医疗保险的需求程度更好。因此，本书借鉴范红丽等（2021）的相关研究，将调查对象分为60岁及以上的老年人和60岁以下的人。以家庭收入的对数作为因变量，通过不同的年龄进行分组，在控制了个体层面、家庭层面、时间固定效应和省份固定效应之后，构建了面板固定效应模型，具体参见表5－13。

表5－13　医保减贫的异质性检验：年龄分组

		模型1 60岁以下	模型2 60岁及以上
	基本医疗保险	0.328*** (0.029)	0.193*** (0.039)
	婚姻状况	－0.158** (0.051)	－0.509*** (0.023)

续表

		模型 1 60 岁以下	模型 2 60 岁及以上
	性别	0.184 (0.242)	0.271 (0.529)
	教育程度	0.013! (0.007)	-0.005 (0.015)
	吸烟行为	-0.265 *** (0.030)	-0.389 *** (0.063)
物质资本	住房面积	0.021 (0.027)	0.019 (0.013)
	住房类型	0.019 ** (0.007)	0.013 (0.014)
自然资本	土地面积	0.018 (0.013)	0.017 (0.009)
	土地价值	0.009 (0.008)	0.005 * (0.002)
金融资本	现金储蓄额	0.012 (0.009)	0.011 (0.007)
	金融资产	0.009 *** (0.001)	0.008 *** (0.001)
社会资本	退伍军人/村干部	0.015 (0.008)	0.026 (0.032)
	能借到钱	0.133 *** (0.025)	0.050 (0.063)
人力资本	劳动力数量	0.029 (0.024)	0.031 (0.028)
	平均教育程度	0.020 *** (0.003)	0.032 *** (0.007)
	生计策略	0.497 *** (0.018)	0.432 *** (0.033)
	时间固定效应	Yes	Yes
	省份固定效应	Yes	Yes

续表

		模型1 60岁以下	模型2 60岁及以上
	常数项	0.425** (0.155)	0.582! (0.348)
	N	38106	12259
	adj. R^2	0.283	0.230
	F统计量	466.027***	84.052***

注：1. 括号内为稳健标准误；2. ! p < 0.1，* p < 0.05，** p < 0.01，*** p < 0.001；3. 缺失值删截处理；4. 表中均为面板固定效应模型。

模型1的样本是60岁以下的被访者，样本数量为38106，模型估计结果表明，医疗保险具有显著的减贫效应。具体而言，与未参加医疗保险的群体相比，参加医疗保险的群体的家庭收入较好。医疗保险的回归系数为0.328，在99.9%的置信水平下显著，医疗保险具有显著的减贫效应。对于个体层面的控制变量，婚姻状况的估计系数为-0.158，在99%的置信水平下显著。性别的估计系数为0.184，没有通过显著性检验。教育程度的估计系数为0.013，在90%的置信水平下显著，说明受教育程度越高，自评健康程度越高。吸烟行为的估计系数为-0.265，在99.9%的置信水平下显著，说明和不吸烟的群体相比，吸烟对于家庭收入具有显著的负面影响。对于家庭层面的控制变量，住房类型对自评健康具有一定的正向影响，估计系数为0.019，在99%的置信水平下显著。金融资产对自评健康的影响系数为0.009，在99.9%的置信水平下显著，说明金融资产对自评健康具有显著的正向影响。社会资本的估计系数为0.133，标准误为0.025，估计系数在99%的置信水平下显著，说明社会资本对家庭收入具有显著的正向影响。平均教育程度的估计系数为0.020，标准误为0.003，影响系数在99.9%的置信水平下显著。在生计策略方面，估计系数为0.497，标准误为0.018，估计系数在99.9%的置信水平下显著，说明生计策略多样化对于家庭收入具有显著的正向影响。模型 1 的样本量为 38106，调整后的 R^2 为 28.3%，F 统计量为 466.027，p 值小于 0.000。

模型 2 的样本是 60 岁及以上的老年人，模型中同时控制了个体层面和家庭层面的协变量。医疗保险的回归系数为 0.193，说明估计系数在 99.9% 的置信水平下显著，医疗保险对于 60 岁及以上的老年人具有显著的减贫效应。控制变量层面，被访者婚姻状况的估计系数为 -0.509，在 99.9% 的置信水平下显著。吸烟行为的估计系数为 -0.389，在 99.9% 的置信水平下显著，说明和不吸烟的群体相比，吸烟对于家庭收入具有显著的负面影响。就家庭层面的协变量而言，生计策略的估计系数为 0.432，标准误为 0.033，估计系数在 99.9% 的置信水平下显著，说明生计策略多样化对于家庭收入具有显著的正向影响。模型 2 的样本量为 12259，调整后的 R^2 为 23.0%，F 统计量为 84.052，p 值小于 0.000。

比较模型 1 和模型 2 中医疗保险回归系数，可以发现医疗保险带来的减贫效应在 60 岁及以上的老年人中表现得尤其显著。在具体的估计系数方面，对于 60 岁以下的被访者而言，医疗保险对于自评健康的影响系数为 0.279。对于 60 岁及以上的老年人而言，医疗保险对于自评健康的估计系数为 0.288。因此，从边际影响的角度看，医疗保险的减贫效应在老年人社会群体中更加明显。这一研究发现，和目前的相关研究相对比较一致（周坚等，2019；马超等，2021；赵东辉、付晓光，2021）。

二 城乡分组

农村地区和城镇地区适用不同的医疗保险类型，并在农村和城镇之间还存在结构性的差异，因此有必要对农村样本和城镇样本分别进行模型建构。实际上，农村和城镇医疗保险制度的差异，是历史和客观现实等因素综合作用的结果（杜倩、仇雨临，

2020）。虽然从2016年开始国务院在推进城乡医保整合，但是实际上各地的进程不一样。更重要的是，部分地区虽然进行了城乡医保整合，但是农村和城镇适用的标准是不一样的，形式上整合，实际保障待遇上依然存在显著的区别（丁辉侠、张紫薇，2021；王俊、王雪瑶，2021）。本书将调查样本进一步细分为农村样本和城镇研究，探讨医疗保险对于家庭收入的异质性影响，实证模型具体参见表5－14。

表5－14　医保减贫的异质性检验：城乡分组

		模型1	模型2	模型3	模型4
		农村样本	城镇样本	农村样本	城镇样本
	基本医疗保险	0.252***	0.465***	0.189***	0.380***
		（0.033）	（0.029）	（0.037）	（0.032）
	年龄	0.027***	0.028***	0.030***	0.031***
		（0.001）	（0.001）	（0.001）	（0.001）
	性别	－0.015	0.068	0.165	0.342
		（0.313）	（0.323）	（0.349）	（0.343）
	婚姻状况	－0.271***	－0.108!	－0.295***	－0.079
		（0.057）	（0.058）	（0.077）	（0.077）
	教育程度	0.008	0.008	0.005	0.002
		（0.008）	（0.011）	（0.009）	（0.012）
	吸烟行为	－0.259***	－0.240***	－0.231***	－0.265***
		（0.036）	（0.044）	（0.042）	（0.050）
物质资本	住房面积			0.021	0.036
				（0.019）	（0.024）
	住房类型			0.019!	0.025*
				（0.011）	（0.010）

续表

		模型 1	模型 2	模型 3	模型 4
		农村样本	城镇样本	农村样本	城镇样本
自然资本	土地面积			0.056	0.046
				(0.048)	(0.037)
	土地价值			0.009	0.048
				(0.012)	(0.053)
金融资本	现金储蓄额			0.035	0.041
				(0.031)	(0.025)
	金融资产			0.008***	0.005***
				(0.001)	(0.001)
社会资本	退伍军人/村干部			0.018!	0.009
				(0.010)	(0.006)
	能借到钱			0.146***	0.106**
				(0.034)	(0.040)
人力资本	劳动力数量			0.028	0.025*
				(0.019)	(0.010)
	平均教育程度			0.015**	0.020***
				(0.006)	(0.004)
	生计策略			0.491***	0.483***
				(0.026)	(0.026)
	时间固定效应	Yes	Yes	Yes	Yes
	省份固定效应	Yes	Yes	Yes	Yes
	常数项	1.135***	0.850***	0.601**	0.290
		(0.203)	(0.205)	(0.228)	(0.221)
	N	23428	18861	17931	14429
	adj. R^2	0.334	0.309	0.362	0.273
	F 统计量	391.030***	406.370***	228.132***	247.595***

注：1. 括号内为稳健标准误；2. ! $p<0.1$，* $p<0.05$，** $p<0.01$，*** $p<0.001$；3. 缺失值删截处理；4. 表中均为面板固定效应模型。

模型 1 是农村样本，控制了个体层面的相关变量、时间固定效应和省份固定效应。估计结果显示，参加医疗保险能够带来显著的减贫效应。具体而言，和没有参加医疗保险的相比，有医疗保险的估计系数为0.252，在99.9%的置信水平下显著，说明医疗保险对健康具有显著的正向影响。控制变量方面，年龄的估计系数为0.027，在99.9%的置信水平下显著。性别的估计系数为－0.015，没有通过显著性检验。婚姻状况的估计系数为－0.271，在99.9%的置信水平下显著。教育程度的估计系数为0.008，没有通过显著性检验。吸烟行为的估计系数为－0.259，在99.9%的置信水平下显著，说明和不吸烟的群体相比，吸烟对于家庭收入具有显著的负面影响。模型1的样本量为23428，调整后的R^2为33.4%，模型对于因变量具有较强的解释力，F统计量为391.030，p值小于0.000。

模型2是城镇样本，控制了个体层面、时间和省份等相关变量。研究发现，医疗保险对家庭收入的边际效应为0.465，估计系数在99.9%的置信水平下显著。对于个体层面的控制变量而言，吸烟行为的估计系数为－0.240，在99.9%的置信水平下显著，说明和不吸烟的群体相比，吸烟对于家庭收入具有显著的负面影响。模型2的样本量为18861，调整后的R^2为30.9%，模型对于因变量具有较强的解释力，F统计量为406.370，p值小于0.000。

模型3是农村样本，在模型1的基础上加入了家庭层面的控制变量。研究发现，对于农村样本而言，医疗保险对于家庭收入具有十分显著的正向影响。固定效应模型中医疗保险的估计系数为0.189，在99.9%的置信水平下显著。对于个体层面的控制变量而言，年龄的估计系数为0.030，在99.9%的置信水平下显著。婚姻状况的估计系数为－0.295，在99.9%的置信水平下显著。吸烟行为的估计系数为－0.231，在99.9%的置信水平下显著。对于家庭层面的控制变量而言，生计策略估计系数为0.491，标准误为0.026，估计系数在99.9%的置信水平下显著，说明生计策略多样化对于家庭收入具有显著的正向影响。模型3的样本量为17931，调整后的R^2为36.2%，F统计量为228.132，p值小于0.000。

模型4是城镇样本，在模型2的基础上同时控制了个体层面的协变量、家庭层面的协变量、时间固定效应和省份固定效应。固定效应模型的回归结果显示，对于城镇样本而言，医疗保险具有显著的减贫效应。估计而言，医疗保险的估计系数为0.380，标准误为0.032，说明回归系数在99.9%的置信水平下显著。对于个体层面的控制变量而言，年龄的估计系数为0.031，在99.9%的置信水平下显著。婚姻状况的估计系数为-0.079，没有通过显著性检验。吸烟行为的估计系数为-0.265，在99.9%的置信水平下显著。对于家庭层面的控制变量而言，生计策略估计系数为0.483，标准误为0.026，估计系数在99.9%的置信水平下显著，说明生计策略多样化对于家庭收入具有显著的正向影响。模型4的样本量为14229，调整后的R^2为27.3%，F统计量为247.595，p值小于0.000。

综合上述模型的实证结果，从医疗保险减贫效应的横向比较维度看，基本医疗保险的减贫效应在城镇样本中更加明显。在仅控制个体层面协变量的情况下，医疗保险对于农村样本减贫效应的估计系数为0.252，对于城镇样本减贫效应的估计系数为0.465。在同时控制个体层面和家庭层面协变量的情况下，医疗保险对于农村样本减贫效应的估计系数为0.189，对于城镇样本减贫效应的估计系数为0.380。

三 医保类型分组

基本医疗保险的不同类型在参保对象、缴费机制、财政投入和保障水平等方面存在巨大的差异，因此其减贫效应也可能存在异质性的影响，因此有必要进行分组检验。为了进一步探讨不同类型医疗保险的异质性影响，本书以无医疗保险的样本作为参照组，考察不同医疗保险类型的减贫效应。为了能够更加直观地解释回归系数的大小，因变量使用的是实际家庭收入值，实证模型的具体结果参见表5-15。

表 5－15　　医保减贫的异质性检验：医保类型分组

		模型 1	模型 2	模型 3	模型 4
		家庭收入	家庭收入	家庭收入	家庭收入
	参照组—无医疗保险				
	城镇职工基本医疗保险	1.671 ***	1.409 ***	1.300 ***	0.850 ***
		(0.098)	(0.159)	(0.116)	(0.193)
	城镇居民基本医疗保险	1.294 ***	1.109 ***	1.204 ***	0.876 ***
		(0.117)	(0.178)	(0.135)	(0.214)
	新型农村合作医疗	0.961 ***	0.837 ***	1.006 ***	0.618 ***
		(0.065)	(0.129)	(0.077)	(0.159)
	年龄		-0.011 ***		-0.008 **
			(0.003)		(0.003)
	性别		-0.042		-0.160
			(1.225)		(1.470)
	婚姻状况		-0.044		-0.052
			(0.209)		(0.299)
	教育程度		0.004		-0.054
			(0.035)		(0.043)
	吸烟行为		-0.385 **		-0.280
			(0.148)		(0.185)
物质资本	住房面积			0.168	0.095
				(0.125)	(0.061)
	住房类型			0.059!	0.086!
				(0.033)	(0.044)
自然资本	土地面积			0.021	0.045
				(0.024)	(0.032)
	土地价值			0.008 ***	0.007 ***
				(0.001)	(0.001)
金融资本	现金储蓄额			0.009 ***	0.014 ***
				(0.002)	(0.003)
	金融资产			0.004 ***	0.002 ***
				(0.001)	(0.001)

续表

		模型 1	模型 2	模型 3	模型 4
		家庭收入	家庭收入	家庭收入	家庭收入
社会资本	退伍军人/村干部			0.109 (0.125)	0.097 (0.082)
	能借到钱			-0.154 (0.116)	-0.169 (0.153)
人力资本	劳动力数量			0.096* (0.049)	0.033 (0.027)
	平均教育程度			0.147*** (0.009)	0.012 (0.019)
	生计策略			0.973*** (0.083)	1.032*** (0.110)
	时间固定效应	No	Yes	Yes	Yes
	省份固定效应	No	Yes	Yes	Yes
	常数项	3.731*** (0.046)	4.206*** (0.794)	1.970*** (0.136)	3.784*** (0.974)
	N	61890	42825	51580	35164
	adj. R^2	0.272	0.438	0.282	0.507
	F 统计量	159.462***	16.463***	256.640***	78.098***

注：1. 括号内为稳健标准误；2. ! p < 0.1，* p < 0.05，** p < 0.01，*** p < 0.001；3. 缺失值删截处理；4. 表中均为面板固定效应模型。

模型 1 以家庭收入作为因变量，自变量是医疗保险的三种主要类型，未纳入其他控制变量。模型估计结果显示，城镇职工基本医疗保险对健康影响的估计系数为 1.671，在 99.9% 的置信水平下显著。估计系数表明在边际意义上，参加城镇职工医疗保险的个体，其家庭收入要比未参保的高 1.671 万元。城镇居民基本医疗保险对家庭收入的影响系数为 1.294，在 99.9% 的置信水平下显著。这一回归系数说明参加城镇居民医疗保险的个体，其家庭收入要比未参保的高 1.294 万元。新型农村合作医疗对家庭收入的估计系数为 0.961，在 99.9% 的置信水平下显著。说明参加新型农村合作医疗的个体，其家庭收入要比未参保的高 0.961 万元。模型 1 的样本量为 61890，调整后的 R^2 为 27.2%，F 统计量为 159.462，p 值小于 0.000。

模型 2 控制了个体层面协变量、时间固定效应和省份固定效应。医疗保险具有显著的收入效应，不同的医保类型对家庭收入存在异质性的影响。具体而言，城镇职工基本医疗保险对健康影响的估计系数为 1.409，在 99.9% 的置信水平下显著。城镇居民基本医疗保险对家庭收入的影响系数为 1.109，在 99.9% 的置信水平下显著。新型农村合作医疗对家庭收入的估计系数为 0.837，在 99.9% 的置信水平下显著。在个体的控制变量层面，年龄的估计系数为 -0.011，在 99.9% 的置信水平下显著。性别的估计系数为 -0.042，没有通过显著性检验。婚姻状况的估计系数为 -0.044，没有通过显著性检验。教育程度的估计系数为 0.004，没有通过显著性检验。吸烟行为的估计系数为 -0.358，在 99% 的置信水平下显著。模型 2 的样本量为 42825，调整后的 R^2 为 43.8%，F 统计量为 16.463，p 值小于 0.000。

模型 3 对家庭层面的协变量、时间固定效应和省份固定效应进行了控制。固定效应模型的回归结果显示，不同的医保类型对家庭收入存在异质性的影响。具体而言，城镇职工基本医疗保险对健康影响的估计系数为 1.300，城镇居民基本医疗保险对家庭收入的影响系数为 1.204，新型农村合作医疗对家庭收入的估计系数为 1.006，三者均在 99.9% 的置信水平下显著。对于家庭层面的协变量而言，生计策略估计系数为 0.973，估计系数在 99.9% 的置信水平下显著，说明生计策略多样化对于家庭收入具有显著的正向影响。模型 3 的样本量为 51580，调整后的 R^2 为 28.2%，F 统计量为 256.640，p 值小于 0.000。

模型 4 在同时控制了个体层面协变量、家庭层面协变量、时间固定效应和省份固定效应的情况下，医疗保险不同类型对于家庭收入的影响，参照组为无医疗保险群体。研究发现，城镇职工基本医疗保险的健康效应最强，其次是城镇居民基本医疗保险，新型农村合作医疗的健康效应相对较弱。从固定效应模型的估计系数看，城镇职工基本医疗保险对健康影响的估计系数为0.850，城镇居民基本医疗保险对家庭收入的影响系数为0.876，新型农村合作医疗对家庭收入的估计系数为0.618，三者均在99.9%的置信水平下显著。对于个体层面的控制变量而言，年龄的估计系数为-0.008，在99%的置信水平下显著。性别的估计系数为-0.160，没有通过显著性检验。婚姻状况的估计系数为-0.052，没有通过显著性检验。教育程度的估计系数为-0.054，没有通过显著性检验。吸烟行为的估计系数为-0.280，没有通过显著性检验。对于家庭层面的控制变量而言，生计策略估计系数为1.032，估计系数在99.9%的置信水平下显著，说明生计策略多样化对于家庭收入具有显著的正向影响。模型4的样本量为35164，调整后的 R^2 为50.7%，F统计量为78.098，p值小于0.000。通过将模型4的影响系数叠加到一个图形，本书直观地比较了不同医疗保险对于家庭收入的影响，具体参见图5-6。

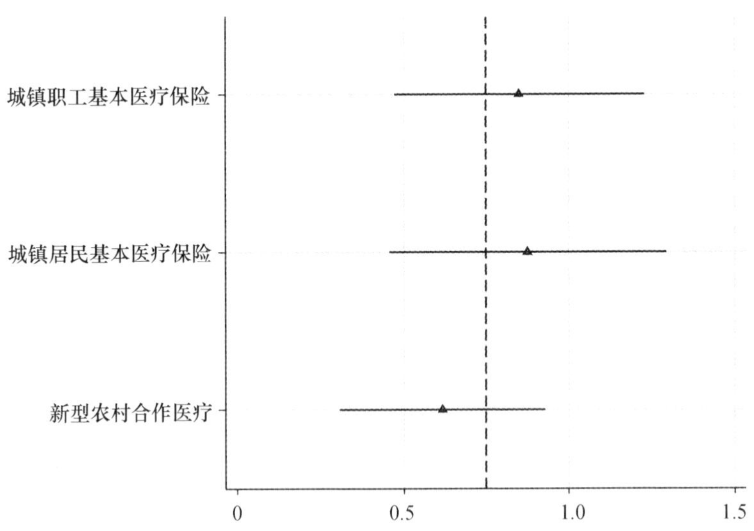

图5-6 不同类型医疗保险对于家庭收入的影响效应比较

资料来源：笔者绘制。

综合上述四个模型的结果，可以发现，不同类型医疗保险对家庭收入的影响存在较大差异，城镇职工基本医疗保险的收入效应最强。在控制个体和家庭不同层面协变量的基础上，研究发现城镇职工基本医疗保险的保障效果最强，其对健康状况的边际影响最大，其次是城镇居民基本医疗保险。相对而言，新型农村合作医疗的保障效果较差。现有相关研究发现，一是不同类型的医疗保险在医保基金池构成和报销使用方面存在巨大的差距，其中城镇职工基本医疗保险的保障待遇最好（Zeng et al.，2019；Zhang et al.，2016；黄薇，2019；王延中等，2020）。不同的基本医疗保险类型在保障效果方面存在较大的差异，这是客观存在的事实。实际上，通过城乡医保整合，不同类型医疗保险的保障差距正在逐渐地缩小（Yang et al.，2018；Meng et al.，2015）。二是不同医疗保险都具有显著的收入效应。尽管不同类型医疗保险的边际收入效应存在一定程度的区别，但是医疗保险对于家庭收入都具有显著的正向影响。

前文的实证研究发现，参加基本医疗保险的群体，其贫困发生率较低，即基本医疗保险具有显著的减贫效应。但是遗留了一个问题，即不同类型的基本医疗保险减贫效应是否存在区别？现有研究发现，由于不同医疗制度类型的差异较大，因此其减贫效应也存在较大的区别（郭婕等，2021；洪灏琪等，2021；何文、申曙光，2021；Liu et al.，2019；Chen，2009；Meng et al.，2019）。为了进一步探讨不同类型基本医疗保险的减贫效应，本书依据人均收入中位数40%的比例作为相对收入贫困线，从相对收入贫困的理论视角探讨三种基本医疗保险制度对贫困发生率的影响。实证模型的具体分析结果参见表5－16。

表 5-16　不同类型医疗保险的减贫效应：贫困程度发生率

		模型 1	模型 2
		贫困发生率	贫困发生率
	参照组：无医疗保险		
	城镇职工基本医疗保险	-1.117*** (0.077)	-0.688*** (0.138)
	城镇居民基本医疗保险	-0.897*** (0.086)	-0.677*** (0.165)
	新型农村合作医疗	-0.687*** (0.088)	-0.436* (0.190)
	年龄	0.067*** (0.003)	0.147*** (0.008)
	性别	-1.114 (1.029)	-8.712 (367.536)
	婚姻状况	-0.437*** (0.122)	0.180 (0.390)
	教育程度	-0.196*** (0.035)	-0.025 (0.073)
	吸烟行为	0.207* (0.103)	0.014 (0.218)
物质资本	住房面积		-0.043 (0.028)
	住房类型		-0.015 (0.033)
自然资本	土地面积		-0.009 (0.008)
	土地价值		-0.007* (0.003)
金融资本	现金储蓄额		-0.016* (0.008)
	金融资产		-0.012*** (0.000)

续表

		模型 1	模型 2
		贫困发生率	贫困发生率
社会资本	退伍军人/村干部		-0.436! (0.264)
	能借到钱		-0.539*** (0.146)
人力资本	劳动力数量		-0.008* (0.004)
	平均教育程度		-0.002 (0.014)
	生计策略		-1.448*** (0.088)
	时间固定效应	No	Yes
	省份固定效应	No	Yes
	N	12450	4692
	Log likelihood	-3816.61	-954.55
	LR chi2（8）	1427.72	1635.85

注：1. 括号内为标准误；2. ! $p < 0.1$，* $p < 0.05$，** $p < 0.01$，*** $p < 0.001$；3. 面板数据 xtlogit 模型，报告的影响系数为比率比（odd ratio）。

模型 1 中城镇职工基本医疗保险、城镇居民基本医疗保险和新型农村合作医疗对贫困发生率的影响是本书重点关注的方面，同时对个体层面的相关变量进行了控制，未控制时间固定效应和省份固定效应。模型估计结果显示，三种类型的基本医疗保险均对贫困发生率具有显著的负向影响，即基本医疗保险制度具有显著的减贫效应，其中城镇职工基本医疗保险的减贫效应最为显著。具体而言，城镇职工基本医疗保险对贫困发生率的比率比为 -1.117，在 99.9% 的置信水平下显著。城镇居民基本医疗保险对贫困发生率的比率比为 -0.897，在 99.9% 的置信水平下显著。新型农村合作医疗对贫困发生率的比率比为 -0.687，在 99.9% 的置信水平下显著。

就个体层面的控制变量而言，年龄的估计系数为0.067，在99.9%的置信水平下显著。性别的估计系数为-1.114，没有通过显著性检验。婚姻状况的估计系数为-0.437，在99.9%的置信水平下显著，说明婚姻能够在一定程度上降低贫困发生率。教育程度的估计系数为-0.196，在99.9%的置信水平下显著，说明受教育程度越高，越不容易陷入贫困状态。吸烟行为的估计系数为0.207，在95%的置信水平下显著，说明和不吸烟的群体相比，吸烟会提高家庭陷入贫困的概率。模型1的样本量为12450，Log likelihood为-3816.61，LR chi2（8）值为1427.72。

模型2同时控制了个体层面的协变量、家庭层面的协变量以及时间固定效应和省份固定效应。实证估计结果显示，基本医疗保险具有十分显著的减贫效应。在基本医疗保险对贫困发生率影响的比率比方面，城镇职工基本医疗保险对贫困发生率的比率比为-0.688，在99.9%的置信水平下显著。城镇居民基本医疗保险对贫困发生率的比率比为-0.677，在99.9%的置信水平下显著。新型农村合作医疗对贫困发生率的比率比为-0.436，在95%的置信水平下显著。个体层面的控制变量，年龄的估计系数为0.147，在99.9%的置信水平下显著。性别的估计系数为-8.712，没有通过显著性检验。吸烟行为的估计系数为0.014，不显著。对于家庭层面的控制变量而言，生计策略估计系数为-1.448，估计系数在99.9%的置信水平下显著，说明生计策略多样化对于贫困发生率具有显著的负向影响。比较模型2中不同的估计系数，可以发现，在控制了个体层面、家庭层面和脆弱性背景的相关变量后，基本医疗保险依然具有显著的减贫效应。除此之外，家庭层面的生计资本对于贫困发生率具有一定的负向影响，即生计资本具有一定的减贫效应。生计策略对于贫困发生率的估计系数显著为正，且影响系数较大，说明生计策略多样化的减贫效应十分显著。对于脆弱性背景而言，能够显著地增加家庭贫困发生率。模型2的样本量为4692，Log likelihood为-954.55，LR chi2（8）值为1635.85。将模型2中三种基本医疗保险对于贫困发生率影响的比率比叠加在一张图中，可以直观地看出不同类型基本医疗保险减贫效应大小的差别，具体参见图5－7。

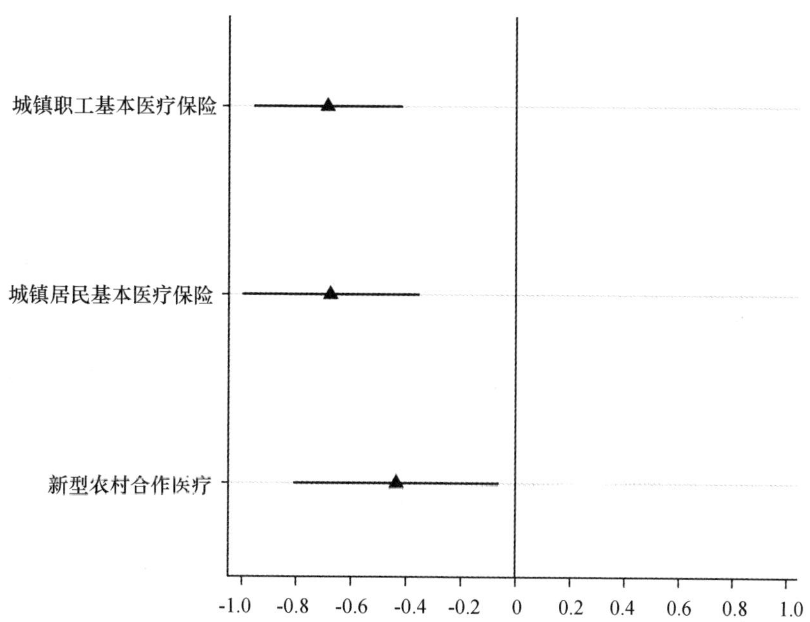

图5－7　不同类型基本医疗保险对贫困发生率的比率比（odd ratios）

资料来源：笔者绘制。

综合模型1和模型2的结果，可以得出以下三点结论：第一，基本医疗保险具有显著的减贫效应，其中城镇职工基本医疗保险的减贫效应最为显著。第二，生计策略具有十分显著的减贫效应。生计策略多样化能够显著地提高家庭的抗风险能力，在遭遇外来冲击时能够在一定程度上消化风险，提高生计韧性（李树茁等，2010；刘永茂、李树茁，2017；Deng et al.，2020；Donohue & Biggs，2015）。

四 家庭收入分位数分组

基本医疗保险的减贫效应，对于不同收入的家庭很可能产生不同的影响，因此有必要进行进一步的异质性检验。Koenker 等(1978)提出的分位数回归方法，通过使用残差绝对值的加权平均数作为目标函数，能够获得比较稳健的系数估计。更为重要的是，分位数回归能够探讨自变量对于因变量的差异化影响，有效地检验政策效应的异质性。相比较于最小二乘法的系数估计方法，分位数回归能够更加全面细致地分析自变量对于因变量的影响。

为了探讨基本医疗的减贫效应在不同收入分布位置的家庭是否存在区别，本书首先对全样本建立了面板数据固定效应模型，作为参考和比较的基线。随后依据常用的分位点数值，选择了 25%、50%、75% 和 90% 四个主要的分位点进行分组，进一步构建了分位数回归模型。关于分位数回归的估计结果，参见表 5－17。

表 5－17 医保减贫的异质性检验：面板分位数回归

		模型 1	模型 2	模型 3	模型 4	模型 5
		FE	QR－0.25	QR－0.50	QR－0.75	QR－0.90
	基本医疗保险	0.165***	0.198***	0.184*	0.081*	0.089
		(0.014)	(0.035)	(0.092)	(0.040)	(0.057)
	年龄	0.007***	0.004*	0.009*	0.006**	0.007*
		(0.000)	(0.002)	(0.004)	(0.002)	(0.003)
	性别	－0.070	－0.078	－0.084	－0.073	－0.018
		(0.143)	(0.109)	(0.098)	(0.094)	(0.031)
	婚姻状况	－0.026	－0.047	－0.035	－0.049	－0.041
		(0.029)	(0.029)	(0.019)	(0.027)	(0.028)
	教育程度	0.001	0.010	0.009	0.009	0.007
		(0.004)	(0.009)	(0.010)	(0.008)	(0.006)

续表

		模型 1	模型 2	模型 3	模型 4	模型 5
		FE	QR－0.25	QR－0.50	QR－0.75	QR－0.90
	吸烟行为	－0.079***	－0.082*	－0.064*	－0.071***	－0.084*
		(0.018)	(0.041)	(0.032)	(0.021)	(0.042)
物质资本	住房面积	0.005	0.012	0.009	0.018*	0.019
		(0.006)	(0.007)	(0.006)	(0.009)	(0.013)
	住房类型	0.001	0.008!	0.012	0.010!	0.009
		(0.004)	(0.005)	(0.008)	(0.005)	(0.006)
自然资本	土地面积	0.008*	0.018**	0.022*	0.024**	0.021***
		(0.004)	(0.006)	(0.010)	(0.008	(0.004)
	土地价值	0.008***	0.011*	0.009	0.008*	0.017*
		(0.003)	(0.005)	(0.008)	(0.004)	(0.009)
金融资本	现金储蓄额	0.006*	0.003	0.012*	0.014*	0.012*
		(0.003)	(0.004)	(0.006)	(0.007)	(0.006)
	金融资产	0.004***	0.014*	0.006**	0.016*	0.018***
		(0.001)	(0.007)	(0.002)	(0.008)	(0.004)
社会资本	退伍军人/村干部	0.049	0.059	0.067	0.095	0.054
		(0.051)	(0.043)	(0.059)	(0.067)	(0.037)
	能借到钱	0.080***	0.054	0.047*	0.049	0.073
		(0.015)	(0.049)	(0.023)	(0.037)	(0.045)
人力资本	劳动力数量	0.007*	0.007	0.005	0.007	0.009
		(0.003)	(0.008)	(0.003)	(0.005)	(0.007)
	平均教育程度	0.001	0.003!	0.006	0.004*	0.008*
		(0.002)	(0.002)	(0.007)	(0.002)	(0.004)
	生计策略	0.094***	0.213***	0.165***	0.184**	0.094*
		(0.011)	(0.012)	(0.005)	(0.006)	(0.042)
	时间固定效应	Yes	Yes	Yes	Yes	Yes
	省份固定效应	Yes	Yes	Yes	Yes	Yes
	常数项	9.870***	9.498***	8.938***	9.477***	8.749***
	adj. R^2	0.481	0.469	0.457	0.368	0.395

注：1. 括号内为稳健标准误；2. ! p < 0.1，* p < 0.05，** p < 0.01，*** p < 0.001；3. 缺失值删截处理；4. 家庭收入取了以 10 为底的对数。

模型1是面板固定效应模型，因变量是家庭收入的对数，作为比较的基准。模型估计结果表明，在控制了个体层面、家庭层面和时间省份固定效应之后，医疗保险对家庭收入依然具有显著的正向影响。具体而言，参加医保的估计系数为0.165，在99.9%的置信水平下显著，说明和未参加医疗保险的群体相比，参加医疗保险的群体的家庭年收入更高，医疗保险具有显著的收入效应。对于个体层面的控制变量，年龄的估计系数为0.007，在99.9%的置信水平下显著。性别的估计系数为-0.070，没有通过显著性检验。婚姻状况的估计系数为-0.026，没有通过显著性检验。教育程度的估计系数为-0.001，没有通过显著性检验。吸烟行为的估计系数为-0.790，表明抽烟行为对家庭收入具有显著的负向影响。可以发现，在控制了家庭层面的相关变量后，个体层面的相关变量对于家庭收入的影响相对比较有限。对于家庭层面的控制变量，住房类型对家庭收入的影响没有通过显著性检验。土地价值对家庭收入的影响系数为0.008，在99.9%的置信水平下显著。金融资产对家庭收入的影响系数为0.004，在99.9%的置信水平下显著，说明金融资产对家庭收入具有显著的正向影响。社会资本的估计系数为0.080，在99.9%的置信水平下显著，说明社会资本对家庭收入具有显著的正向影响。平均教育程度的估计系数为0.001，没有通过显著性检验。生计策略的估计系数为0.094，估计系数在99.9%的置信水平下显著，说明生计策略多样化对于家庭收入具有显著的正向影响。模型1调整后的R^2为48.1%。

模型2是25%的分位点，模型实证分析结果显示，在控制了个体层面、家庭层面和时间省份固定效应之后，医疗保险对家庭收入依然具有显著的正向影响，即具有显著的减贫效应。具体而言，参加医保的估计系数为0.198，在99.9%的置信水平下显著，说明和未参加医疗保险的群体相比，参加医疗保险的群体的家庭年收入更高。对于个体层面的控制变量，年龄的估计系数为0.004，在95%的置信水平下显著。性别的估计系数为-0.078，没有通过显著性检验。婚姻状况的估计系数为 -0.047，没有通过显著性检验。教育程度的估计系数为0.010，没有通过显著性检验。吸烟行为的估计系数为 -0.082，在95%的置信水平下显著，表明抽烟行为对家庭收入具有负向影响。在控制了家庭层面的相关变量后，个体层面相关变量对于家庭收入的影响相对比较有限。对于家庭层面的控制变量，住房面积对家庭收入的影响没有通过显著性检验。土地价值对家庭收入的影响系数为0.011，在95%的置信水平下显著。金融资产对家庭收入的影响系数为0.014，在95%的置信水平下显著。社会资本的估计系数为0.054，没有通过显著性检验。生计策略的估计系数为0.213，估计系数在99.9%的置信水平下显著，说明生计策略多样化对于家庭收入具有显著的正向影响。模型2调整后的 R^2 为46.9%。

模型3是50%的分位点，本书在统计建模的过程中同时控制了个体层面、家庭层面和时间省份固定效应。模型的估计结果表明，医疗保险对家庭收入依然具有显著的正向影响，参加医保的估计系数为0.184，在95%的置信水平下显著。对于家庭层面的控制变量，住房类型对家庭收入的影响没有通过显著性检验，估计系数为0.012。住房面积的估计系数为0.009，没有通过模型的显著性检验。土地价值对家庭收入的影响系数为0.009，没有通过显著性检验。土地面积的估计系数为0.022，在95%的置信水平下显著。金融资产对家庭收入的影响系数为0.006，在95%的置信水平下显著。现金和储蓄额对家庭收入的估计系数为0.012，在95%的置信水平下显著。社会资本的两个指标，估计系数分别为0.067和0.047。生计策略的估计系数为0.165，估计系数在99.9%的置信水平下显著，说明生计策略多样化对于家庭收入具有显著的正向影响。对于个体层面的控制变量，年龄的估计系数为0.009，在95%的置信水平下显著。性别的估计系数为 -0.084，不显著。婚姻状况的估计系数为 -0.035，不显著。教育程度的估计系数为0.009，在模型中不显著。吸烟行为的估计系数为 -0.064，在95%的置信水平下显著。模型3调整后的 R^2 为45.7%。

模型4的分位点为75%，核心自变量和控制变量和前述模型保持一致。因变量是家庭收入的对数，同时在模型4中加入了个体层面控制变量、家庭层面控制变量、时间固定效应以及省份固定效应。统计建模的结果显示，在控制了个体层面、家庭层面和时间省份固定效应之后，医疗保险对家庭收入依然具有显著的正向影响。参加医保的估计系数为0.081，在95%的置信水平下显著，说明和未参加医疗保险的群体相比，参加医疗保险的群体的家庭年收入更高。对于个体层面的控制变量，年龄的估计系数为0.006，在99%的置信水平下显著。性别的估计系数为-0.073，没有通过显著性检验。婚姻状况的估计系数为-0.049，没有通过显著性检。教育程度的估计系数为0.009，没有通过显著性检验。吸烟行为的估计系数为-0.071，在99.9%的置信水平下显著，表明抽烟行为对家庭收入具有显著负向影响。土地价值对家庭收入的影响系数为0.008，在95%的置信水平下显著。金融资产对家庭收入的影响系数为0.016，在95%的置信水平下显著。劳动力数量的估计系数为0.007，没有通过显著性检验。生计策略的估计系数为0.184，估计系数在99%的置信水平下显著，说明生计策略多样化对于家庭收入具有显著的正向影响。模型4调整后的 R^2 为36.8%。

模型5是90%的分位点，基本医疗保险参保对家庭收入的影响不显著，说明对于高收入阶层来说，基本医疗保险的保障作用有限。模型实证分析结果显示，在控制了个体层面、家庭层面和时间省份固定效应之后，医疗保险对家庭收入的影响不再显著。具体而言，参加医保的估计系数为0.089，没有通过显著性检验。个体层面的控制变量，年龄的估计系数为0.007，在95%的置信水平下显著。性别的估计系数为-0.018，没有通过显著性检验。婚姻状况的估计系数为-0.041，没有通过显著性检验。教育程度的估计系数为0.007，没有通过显著性检验。吸烟行为的估计系数为-0.084，在95%的置信水平下显著。在控制了家庭层面的相关变量后，个体层面相关变量对于家庭收入的影响相对比较有限。对于家庭层面的控制变量，住房类型和住房面积对家庭收入的影响都不显著。土地面积对家庭收入的影响系数为 0.021，在 99.9% 的置信水平下显著。金融资产对家庭收入的影响系数为 0.018，在 99.9% 的置信水平下显著。生计策略的估计系数为 0.094，在 95% 的置信水平下显著，说明生计策略多样化对于家庭收入具有显著的正向影响。模型 5 调整后的 R^2 为 39.5%。

分位数异质性检验的结果表明，基本医疗保险的减贫效应在中低收入阶层十分显著，对于高收入阶层的保障效果不明显。理论上看，基本医疗保险减贫效应在中低收入阶层和高收入阶层之间的差异，可以从医疗保障水平的角度得到解释。对于中低收入阶层，基本医疗保险很可能是唯一的医疗保障。由于中国的基本医疗保险采用个人缴费和单位财政缴费混合的形式，对于中低收入家庭具有一定的吸引力。再加上城镇职工也有强制参保的制度设计，因此对于大部分中低收入家庭来说，基本医疗保险很可能是唯一的医疗保障。与此相反，对于高收入阶层来说，主要的医疗保险很可能来自保障水平更高的商业健康保险，基本医疗保险所发挥的作用十分有限。商业健康保险完全由参保者负担所有费用，参保成本高，保障水平高，因此高收入家庭参保的积极性较高。

第四节　医保减贫的机理分析

基本医疗保险降低贫困程度的内在机理具有十分重要的政策意义，是探讨医保减贫的重要方面。以可持续生计理论为基础，下文分别从生计资本和生计策略两个角度，分析基本医疗保险的减贫机理。

一　人力资本的中介效应

人力资本在生计过程能够发挥重要的作用，主要包括家庭成员受教育程度、专业技能情况等方面（韩华为等，2018；Levin et al.，2013）。家庭的人力资本状况和其他生计资本会产生交互影响，进而对家庭生计活动产生较为显著的影响（Levin et al.，2013；Yang et al.，2017）。人力资本意味着发展的机会，家庭如果有充足的人力资本，将有很多发展机会和收入机会，不容易陷入贫困。相反，贫困家庭的人力资本状况往往较为恶劣，因此丧失了很多发展机会，最终导致家庭贫困（樊士德、金童谣，2021；吕光明等，2021）。

家庭成员罹患疾病会带来一系列的连锁反应，对于家庭消费和支出带来多种形式的影响（Wang et al.，2009；李静，2019）。一方面，从直接影响上看，家庭劳动成员患病将直接影响家庭的生计活动，导致其生产效率下降，进而影响到家庭整体的创收能力和福利水平。家庭劳动人口的数量和教育程度直接影响着家庭通过人力资本创造收入和提升福利的能力。另一方面，从间接影响上看，医疗费用支持挤压其他家庭支出的份额，影响到家庭长远的投资和生产经营规划，降低未来的消费能力（何得桂、徐榕，2021；秦江梅等，2019）。在家庭成员罹患重大疾病时，教育支出等立足于未来的投入将会被削减甚至取消，对于整个家庭的可持续生计能力产生严重的负面影响（Cheng et al.，2015；Eggleston et al.，2008；黄薇，2019）。家庭成员患病之后，首要的问题是获取医疗卫生服务以便恢复健康，相应的教育投入和技能提升等人力资本投入将会被控制或削减。因此疾病和教育投入之间存在间接的联系。基本医疗保险能够在家庭成员患病产生医药费用支出时，对家庭起到一定的补偿作用，减少疾病对于教育投入和技能提升投入的负面影响。

从上述理论分析可以看出，人力资本在医保减贫的过程中可能起到了重要的中介作用。本书以人力资本作为中介变量，构建了基本医疗保险减贫的人力资本中介作用的概念模型，参见图5－8。

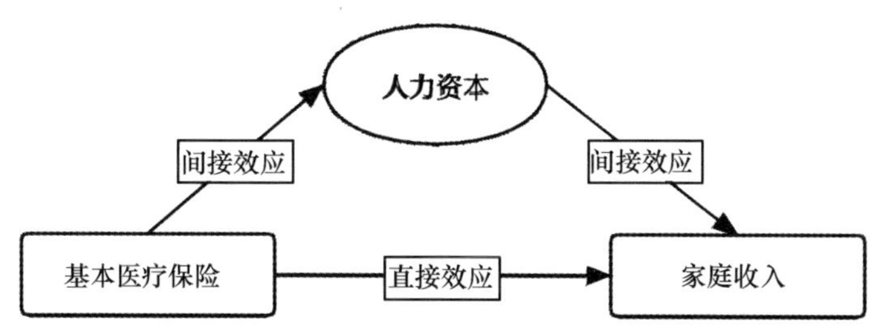

图5－8　人力资本中介效应概念模型

资料来源：笔者绘制。

一方面，基本医疗保险能够显著地降低家庭的医药费用负担，从而对家庭收入产生正面影响。这实际上就是基本保险减贫的直接效应，在前文关于基本医疗保险减贫的层级回归和因果推断中已经进行了较为详细的论证。另一方面，基本医疗保险能够降低医药费用支出对家庭人力资本投入的影响，从而间接地发挥减贫效应。根据这一理论假设，依据 Baron 等（1986）和 Judd 等（1981）的相关研究提出的中介效应检验基本原理，本书检验人力资本是否在医保减贫的过程中起到了中介作用。参考温忠麟等（2014）和方杰等（2017）关于中介效应检验的基本方法，具体包括三个检验步骤：第一，检验基本医疗保险是否影响人力资本；第二，检验人力资本是否影响家庭收入；第三，将基本医疗保险和人力资本同时纳入模型，对中介效应进行统计分析。人力资本中介检验模型的实证结果，参见表5－18。

表5-18 基本医疗保险减贫的机理分析：人力资本的中介作用

	模型1	模型2	模型3	模型4
	家庭平均受教育程度	家庭收入	家庭收入	家庭收入
基本医疗保险	0.013 *	0.352 **	—	0.138 **
	(0.007)	(0.036)	—	(0.053)
家庭平均受教育程度	—	—	0.025 *	0.017 *
	—	—	(0.013)	(0.009)
个体层面控制变量	Yes	Yes	Yes	Yes
家庭层面控制变量	Yes	Yes	Yes	Yes
时间固定效应	Yes	Yes	Yes	Yes
省份固定效应	Yes	Yes	Yes	Yes
截距项	0.736 ***	0.783 ***	1.416 ***	2.764 ***
	(0.208)	(0.235)	(0.429)	(0.637)
N	34421	36638	37482	32319
adj. R^2	0.197	0.245	0.167	0.358
F统计量	325.149 ***	295.647 ***	369.253 ***	102.549 ***

注：1. 括号内为稳健标准误；2. ! p < 0.1，* p < 0.05，** p < 0.01，*** p < 0.001；3. 缺失值删截处理。

模型1以家庭平均受教育程度作为因变量，分析基本医疗保险对人力资本的影响。模型估计结果表明，在控制了个体层面、家庭层面和时间省份固定效应之后，医疗保险对家庭平均受教育程度具有显著的正向影响。具体而言，参加医保的估计系数为0.013，在95%的置信水平下显著，说明和未参加医疗保险的群体相比，参加医疗保险的家庭平均受教育程度更高，医疗保险能够显著地提升人力资本的水平。模型1的样本量为34412，调整后的R^2为19.7%，F统计量为325.149，p值小于0.000。

模型2以家庭收入作为因变量，基本医疗保险是核心的自变量。模型2控制了个体层面的性别、年龄、婚姻状态等人口学变量，以及家庭层面的生计策略等方面。同时对时间固定效应和省份固定效应通过虚拟变量的方式进行控制，以期获得更加准确的系数估计。模型估计结果表明，基本医疗保险对于家庭收入具有显著的正向影响，回归系数为 0.352，在 99% 的置信水平下显著。模型 2 调整后的 R^2 为 24.5%，F 统计量为 295.647，p 值小于 0.000。

模型 3 以家庭收入作为因变量，分析人力资本对于家庭收入的影响。对个体层面的性别、年龄、婚姻状况、是否吸烟以及家庭层面的生计策略等变量进行了控制。为了更加精确地估计人力资本对家庭收入的影响效应，模型 3 通过虚拟变量的形式同时控制了省份固定效应和时间固定效应。模型的实证分析结果显示，家庭平均受教育程度对于家庭收入具有显著的正向影响，回归系数为 0.025，在 95% 的置信水平下显著。模型 3 调整后的 R^2 为 16.7%，F 统计量为 369.253，p 值小于 0.000。

模型 4 以家庭收入为因变量，基本医疗保险和家庭平均受教育程度是重点关注的核心自变量，以此对人力资本的中介效应机制进行模型检验。在控制了个体层面和家庭层面的协变量，以及时间固定效应和省份固定效应之后，模型的实证结果显示，基本医疗保险能够显著提升家庭收入，家庭平均受教育程度起到了部分的中介作用。这就意味着，人力资本的中介效应是基本医疗保险减贫的重要机制。在模型 4 中，基本医疗保险对家庭收入的估计系数为 0.138，在 99% 的置信水平下显著。家庭平均受教育程度对家庭收入的影响系数为 0.017，在 95% 的置信水平下显著。模型 4 调整后的 R^2 为 35.8%，F 统计量为 102.549，p 值小于 0.000。将模型 4 中计算得出的回归系数，与模型 1 和模型 2 进行对比，可以发现，家庭平均受教育程度发挥了部分的中介作用。关于人力资本中介效应的路径系数，参见图 5－9。

综合而言，实证分析的结果表明，家庭平均受教育程度在基本医疗保险减贫过程中起到了部分中介作用。换言之，人力资本在医保减贫的过程中发挥了部分中介作用。理论上如何解释？实际上，

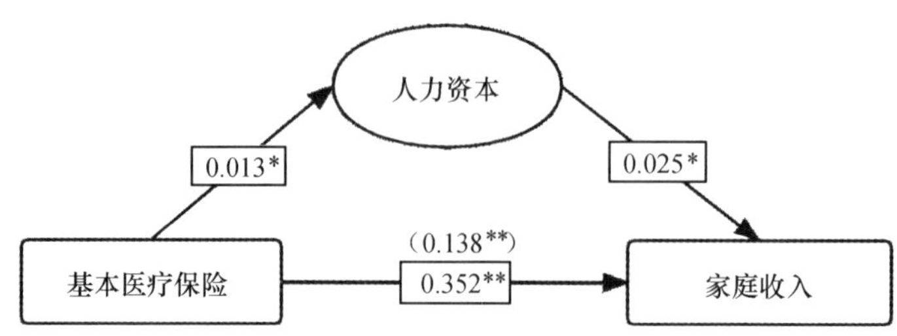

图5-9 人力资本中介效应的路径系数

资料来源：笔者绘制。

家庭不同类型的生计资本是相互影响的。任何特定家庭的生计资本储量和增量在一定时期都是相对稳定的。假设特定个体没有参加医疗保险，一旦家庭成员罹患疾病进而产生了数额较大的医药费用支出，那么将不得不动用家庭储蓄、变卖家庭资产、削减教育支出等（Grogger et al.，2015；Finkelstein，2007）。马超等（2021）在探讨基本养老金对于居民医疗负担的作用时，发现了补贴收入和补贴医保会产生不同的效果。潘文轩（2018）在探讨医疗保障的反贫困作用时，也论证了基本医疗保险能够减少疾病对于家庭生计资本的冲击。平卫英等（2021）的研究成果在探讨就业扶贫过程中，也注意到了基本医疗保险对于家庭人力资本的正面作用。

二 金融资本的中介作用

金融资本在医保减贫的过程中起到了何种作用？对这一问题的回答有必要进行实证检验。金融资本是家庭生计活动中与金融资产相关的要素。实际上，贫困状况的家庭往往缺乏相应的金融资本储备，由于无法提供担保，因此也无法获得金融机构的贷款帮助（汤青，2015）。家庭成员罹患疾病以及接受医疗卫生服务，不可避免地会产生大量的资金消耗，影响家庭金融资本。如果患病家庭成员参加了基本医疗保险，则能够在一定程度上减少对于家庭金融资产的影响。从这一点出发，可以使用中介效应检验模型探讨基本医疗保险减贫过程中金融资本所起到的作用。本书依据温忠麟等（2014）提出的中介效应检验方法，对金融资本中介效应进行检验。模型的实证结果，参见表5－19。

表5－19　基本医疗保险减贫的机理分析：金融资本的中介作用

	模型1	模型2	模型3	模型4
	金融资本	家庭收入	家庭收入	家庭收入
基本医疗保险	0.158*	0.853**		0.781***
	(0.081)	(0.331)		(0.143)
金融资本（家庭储蓄）			0.012*	0.009***
			(0.006)	(0.001)
个体层面控制变量	Yes	Yes	Yes	Yes
家庭层面控制变量	Yes	Yes	Yes	Yes
时间固定效应	Yes	Yes	Yes	Yes
省份固定效应	Yes	Yes	Yes	Yes
截距项	0.527***	1.843***	1.249***	3.662***
	(0.087)	(0.138)	(0.114)	(0.974)
N	35642	36416	35473	34164
adj. R^2	0.194	0.243	0.184	0.507
F统计量	389.143***	319.547***	392.146***	90.935***

注：1. 括号内为稳健标准误；2. * $p<0.05$，** $p<0.01$，*** $p<0.001$；3. 缺失值删截处理。

模型1的因变量是金融资本，本书关注的核心自变量是基本医疗保险参保。以未参保居民为对照组，研究发现基本医疗保险参保对于金融资本具有显著的正向影响，估计系数为0.158，在95%的置信水平下显著。模型1同时加入了个体层面控制变量、家庭层面控制变量、时间固定效应以及省份固定效应。模型估计结果表明，在控制了个体层面、家庭层面和时间省份固定效应之后，参加医疗保险有助于提高金融资本的水平。模型1的样本量为35642，调整后的R^2为19.4%，F统计量为389.143，p值小于0.000。

模型 2 的因变量是家庭收入，基本医疗保险参保是该模型关注的主要自变量。模型 2 对时间固定效应和省份固定效应通过虚拟变量的方式进行控制，同时也控制了个体层面和家庭层面的协变量，以期获得更加准确的系数估计。实证分析结果，基本医疗保险对于家庭收入具有显著的正向影响，回归系数为 0.853，在 99% 的置信水平下显著。模型 3 调整后的 R^2 为 24.3%，F 统计量为 319.547，p 值小于 0.000。

模型 3 以家庭收入作为因变量，分析金融资本对于家庭收入的影响。对个体层面的性别、年龄、婚姻状况、是否吸烟以及家庭层面的生计策略等变量进行了控制。为了更加精确地估计健康人力资本对家庭收入的影响效应，模型 3 通过虚拟变量的形式同时控制了省份固定效应和时间固定效应。模型的实证分析结果显示，金融资本对于家庭收入具有显著的正向影响，回归系数为 0.012，在 95% 的置信水平下显著。模型 3 调整后的 R^2 为 18.4%，F 统计量为 392.146，p 值小于 0.000。

模型 4 以家庭收入为因变量，同时纳入了金融资本和基本医疗保险作为自变量，对金融资本的中介效应机制进行模型检验。在控制了个体层面和家庭层面的协变量，以及时间固定效应和省份固定效应之后，实证分析结果表明，基本医疗保险能够显著地提升家庭收入水平，金融资本起到了部分的中介作用。换言之，金融资本的中介效应，是基本医疗保险减贫的重要机制。在模型 4 中，基本医疗保险对家庭收入的估计系数为 0.781，在 99.9% 的置信水平下显著。金融资本对家庭收入的影响系数为 0.009，在 99.9% 的置信水平下显著。模型 4 调整后的 R^2 为 50.7%，F 统计量为 90.935，p 值小于 0.000。将模型的回归系数通过图示的方式表示，参见图 5 – 10。

金融资本中介效应模型检验结果表明，金融资本在医保减贫的过程中发挥了部分的中介作用。这种中介作用在理论上如何解释？本书认为可以从基本医疗保险降低医药费用的角度进行解释。一方

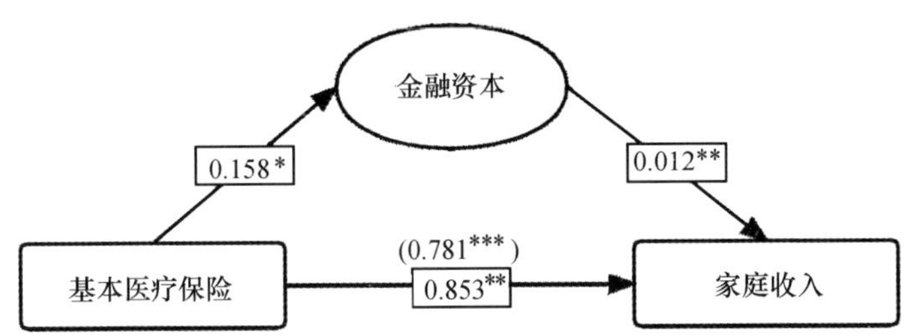

图5－10　金融资本中介效应的路径系数

资料来源：笔者绘制。

面，医疗保险能够在发生医疗费用的时候，按照既定的政策规定保险，直接减少了参保居民自付医药费用的比例，降低了医药费用支出，进而直接减少了对于家庭现金和储蓄的消耗。相关研究也发现，医保报销能够有效地降低自付的医药费用总额，一定程度上减少了对家庭储蓄的冲击（周坚等，2019；Fan et al.，2021）。另一方面，灾难性的医药费用支出对于家庭金融资本积累以及其他长远发展计划会产生显著的负面影响。对于贫困家庭而言，如果没有基本医疗保险提供一定的补偿作用，大额的医药费用支出大概率会消耗家庭有限的储蓄和现金，造成深度贫困的发生。

依据温忠麟等（2014）提出的中介效应模型检验方法，本书依次对自然资本、物质资本和社会资本进行了中介效应检验，具体检验结果如下。

自然资本作为中介变量的模型检验。在控制个体层面协变量、家庭层面协变量、时间固定效应和省份固定效应之后，使用基本医疗保险参保对自然资本进行回归，估计系数为0.095，稳健标准误为0.084，没有通过显著性检验，说明基本医疗保险参保对家庭自然资本的影响不显著。进一步把自然资本作为自变量，对家庭收入进行回归，实证发现自然资本对家庭收入的估计系数为0.006，在99.9%的置信水平下显著。依据 Baron 等（1986）研究成果，核心自变量对假设的中介变量影响不显著，说明自然资本在医保减贫过程中没有发挥中介效应。自然资本中介效应实证检验模型调整后的 R^2 为 45.2%，F 统计量为 94.254，p 值小于 0.000。关于自然资本中介效应检验的路径系数，参见图 5－11。

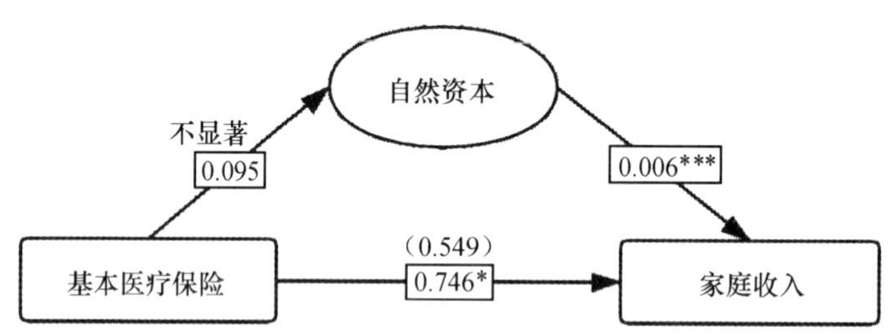

图 5－11　自然资本中介效应的路径系数

资料来源：笔者绘制。

物质资本作为中介变量的模型检验。本书使用基本医疗保险参保对物质资本进行回归，估计系数为 0.352，稳健标准误为 0.249，没有通过显著性检验，说明基本医疗保险参保对家庭物质资本的影响不显著。进一步把物质资本作为自变量，对家庭收入进行回归，实证发现自然资本对家庭收入的估计系数为 0.091，在 99% 的置信水平下显著。模型同时控制了个体层面协变量、家庭层面协变量、时间固定效应和省份固定效应。按照前述所述判定方法，核心自变量对假设的中介变量影响不显著，说明物质资本在医保减贫过程中没有发挥中介效应。物质资本中介效应实证检验模型调整后的 R^2 为 39.45%，F 统计量为 88.254。关于物质资本中介效应检验的路径系数，参见图 5－12。

社会资本作为中介变量的模型检验。通过控制性别、年龄、婚姻状况等个体层面人口学变量，以及同时控制家庭层面协变量、时间固定效应和省份固定效应之后，实证检验模型发现，基本医疗保险参保对社会资本的回归系数为 0.057，稳健标准误为 0.049，没有通过显著性检验，说明基本医疗保险参保对家庭社会资本的影响

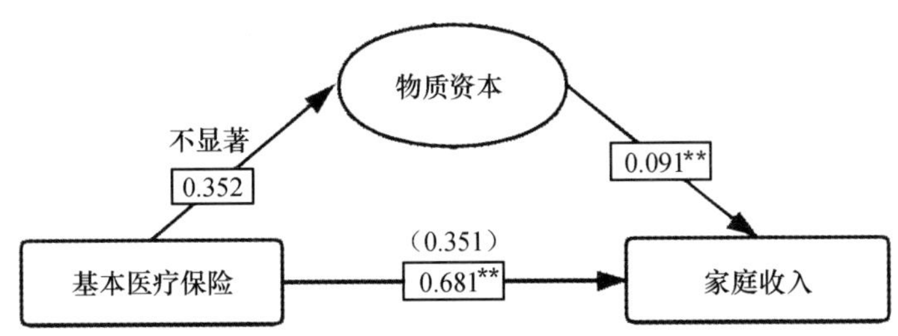

图5－12　物质资本中介效应的路径系数

资料来源：笔者绘制。

不显著。把社会资本作为自变量，对家庭收入进行回归，实证发现社会资本对家庭收入的估计系数为0.165，标准误为0.125，没有通过显著性检验。依据Baron等（1986）研究成果，核心自变量对假设的中介变量影响不显著，说明社会资本在医保减贫过程中没有发挥中介效应。社会资本中介效应实证检验模型调整后的R^2为48.31%，F统计量为98.321。关于社会资本的中介效应检验的结果，参见图5－13中的路径系数。

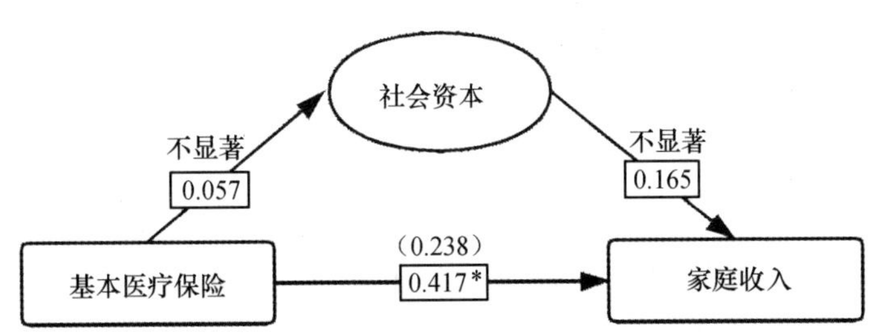

图5－13　社会资本中介效应的路径系数

资料来源：笔者绘制。

从理论上看，物质资本和自然资本的中介效应不显著，可以从这两类资本自身的特点进行解释。如前所述，物质资本是指生产资料，房屋结构、房屋面积、饲养牲畜的数量、农作物的产量、交通运输工具、农用机械等生产资料是物质资本的重要构成要素（黎洁等，2009；梁义成等，2014）。自然资本是指生计活动过程中由自然界提供的要素，一般包括土地面积、灌溉便利程度、土壤肥沃程度和粮食单产等方面（汤青，2015；Griggs et al.，2013）。可以发现，这两类资本和基本医疗保险的联系比较微弱，因此基本医疗保险的参保行为对其难以产生显著的影响，在医保减贫的过程中难以发挥中介作用。对于社会资本而言，社会资本的核心在于人与人之间的网络支持，即能否得到他人的帮助。从这个角度看，基本医疗保险和社会资本之间的联系也比较有限。综合以上分析可以发现，自然资本、物质资本和社会资本在基本医疗保险减贫过程中的中介效应不显著是符合可持续生计理论预期的。

综合而言，本书从医保减贫的生计框架出发，对物质资本、自然资本和社会资本均进行了中介效应的检验，研究发现，在医保减贫的过程中，物质资本、自然资本和社会资本的中介效应不显著。从生计资本的角度出发，医保减贫效应的发挥核心在于人力资本和金融资本。这就意味着，基本医疗保险能够有效地提高家庭人力资本状况，有效地降低医药费用对于金融资本的侵蚀，进而发挥显著的减贫作用。相比较而言，物质资本、自然资本和社会资本，在医保减贫中的作用比较有限。

三 生计策略的调节效应

基本医疗保险的减贫效应是通过何种作用渠道实现的？这是一个十分重要的影响机制问题。从可持续生计的理论框架出发，生计策略是影响家庭生计结果的重要变量。在一般意义上，如果家庭生计策略多样化，则家庭的抗风险能力较强。如果生计策略单一化，则有可能在自然灾害和市场波动等外在冲击发生时，难以抵御风险，进而陷入贫困（李树茁等，2021；Li et al.，2020）。因此，本书从生计策略的角度出发，探讨基本医疗保险减贫效应的内在作用机制。参照温忠麟等（2014）提出的调节效应检验方法，本书通过依次构建基本医疗保险主效应、生计策略单一效应以及调节总效应三个模型，在相对收入贫困的视角下探讨基本医疗保险减贫效应中生计策略的作用机理，模型的具体估计结果参见表 5－20。

表 5－20　基本医疗保险减贫的机理分析：生计策略多样化的调节作用

	模型 1	模型 2	模型 3
基本医疗保险	0.881***		1.019***
	(0.143)		(0.213)
生计策略多样化		1.090***	1.416***
		(0.109)	(0.271)
交互项：基本医保#生计策略			0.657*
			(0.324)
个体层面协变量	Yes	Yes	Yes
家庭层面协变量	Yes	Yes	Yes
时间固定效应	Yes	Yes	Yes
省份固定效应	Yes	Yes	Yes
截距项	4.450***	3.823***	3.444***
	(0.972)	(0.929)	(0.984)
N	35164	35526	35164
adj. R^2	0.513	0.502	0.507
F 统计量	90.403***	96.930***	83.932***

注：1. 括号内为稳健标准误；2. * $p < 0.05$，** $p < 0.01$，*** $p < 0.001$；3. 缺失值删截处理；4. 家庭收入的单位是万元。

模型 1 是主效应模型，以家庭收入作为因变量，未纳入生计策略多样化，关注的核心是基本医疗保险对家庭收入的影响。模型同时控制了个体层面和家庭层面，以及时间和省份固定效应。模型估计结果显示，参加基本医疗保险对于家庭收入具有十分显著的正向影响，回归系数为0.881，在99.9%的置信水平下显著。在边际意义上，可以认为和未参加基本医疗保险的家庭相比，基本医疗保险的参保能够带来8810元的家庭年收入。模型1的样本量为35164，调整后的R^2为51.3%，F统计量为90.403，p值小于0.000。

模型2是调节变量模型，重点关注生计策略多样化对于家庭收入的影响。面板固定效应模型的结果显示，生计策略多样化对于家庭收入具有显著的正向作用，其估计系数为1.090，在99.9%的置信水平下显著。在边际意义上，和生计策略单一化的家庭相比，生计策略多样化的样本家庭年收入要高10900元。模型2的样本量为35526，调整后的R^2为50.2%，F统计量为96.930，p值小于0.000。

模型3是总体调节效应模型，旨在分析生计策略多样化是否调节了基本医疗保险减贫效应的强度，模型同时加入了基本医疗保险变量、生计策略变量以及基本医疗保险和生计策略多样化的交互项。交互项的回归系数为0.657，在95%的置信水平下显著，说明参加基本医疗保险同时生计策略多样化，能够带来额外的家庭收入。具体而言，在交互项的解释方面由于基本医疗保险是否参保和生计策略多样化都是二分虚拟变量，因此本书在模型3中构建的交互项可以做如下解释：在边际意义上，当样本家庭参加基本医疗保险同时生计策略多样化，交互项取值为1，表明基本医疗保险的参保能够额外带来0.657万元的家庭收入。如果样本家庭仅参加基本医疗保险且生计策略单一化，或者是未参加医疗保险生计策略多样化的家庭，交互项的取值为0，表明基本医疗保险不具有额外的收入效应。换言之，生计策略多样化调节了基本医疗保险对收入影响的强度。模型3的样本量为35164，调整后的R^2为50.7%，F统计量为83.932，p值小于0.000。

从理论上看，当家庭的生计策略多样化时，基本医疗保险的参保行为能够额外带来收入效应。换言之，当参加基本医疗保险的家庭同时生计策略是多样化时，基本医疗保险的减贫效应更加明显。

多样化生计策略指的是同时从事多种类型的生计活动，以便提高家庭收入和抗风险能力。与单一化生计策略相反，多样化生计策略是家庭基于不同类型的生计资本，从多个不同的方面开展生产经营活动。比如在四川、重庆、江西以及河南等劳务人口输出大省中，家庭为了摆脱贫困大部分采用的是多样化的生计策略（宋璐、李树茁，2017；郜秀军等，2009）。多样化生计策略对于贫困家庭脱贫具有十分重要的意义（黄建伟，2013；Wilmsen & Wang，2015）。对于城市家庭而言，多样化的生计策略也能够有效实现减贫的目标。从贫困程度治理的意义出发，生计策略多样化调节了基本医疗保险减贫效应的强度。这实际上意味着基本医疗保险的减贫效应机制，主要是促进了家庭生计策略的多样化。

第五节　假设检验与结果讨论

本书核心的研究问题是基本医疗保险是否降低了贫困程度？本书进一步将这一核心问题分解为三个具体的研究问题，以便在变量层面进行实证检验。具体而言，在可持续生计的一致性框架下，本书依次分析基本医疗保险的减贫效应和异质性影响，并进一步进行影响机理分析。基于大样本长时间段的家庭追踪调查数据，本书结合实际情况综合运用面板固定效应模型、随机效应模型、倾向值匹配以及中介效应和调节效应分析等方法，探讨基本医疗保险对贫困程度的影响。

基本医疗保险的减贫效应。基本医疗保险制度如何持续地减贫值得深入探讨。本书基于现有关于贫困治理的相关研究（汪三贵、孙俊娜，2021；李棉管、岳经纶，2020；孙久文、夏添，2020），以家庭收入和家庭消费等指标作为因变量，并通过不同的贫困线计算贫困发生率，探讨基本医疗保险的减贫效应。关于假设检验的具体结果，参见表5－21。

表5-21　基本医疗保险减贫效应的假设检验结果

研究假设 H1：基本医疗保险对贫困程度状况具有显著的负向影响	检验结果
H1.1：基本医疗保险参保对家庭收入具有显著的正向影响	支持
H1.2：基本医疗保险参保对家庭消费具有显著的正向影响	支持
H1.3：基本医疗保险参保对贫困发生率具有显著的负向影响	支持
H1.4：基本医疗保险参保和贫困降低之间，存在因果联系	部分支持

资料来源：笔者绘制。

本书首先以家庭收入作为因变量，在控制了个体人口学变量、家庭层面的生计资本和生计策略，以及时间和省份的固定效应之后，研究发现参加基本医疗保险对家庭收入具有显著的正向影响。换言之，在控制了相关的协变量之后，和没有参加基本医疗保险的群体相比，参加了基本医疗保险的群体其家庭收入更高。

稳健性检验方面，本书使用家庭消费指标替代家庭收入指标，研究发现基本医疗保险对于家庭消费的影响显著为正，说明基本医疗保险对于家庭收入和消费的正向影响是比较稳健的。将基本医疗保险进一步细分为不同的类型，研究发现不同类型医疗保险对家庭收入的影响存在较大差异，城镇职工基本医疗保险的收入效应最强。在控制个体和家庭不同层面协变量的基础上，研究发现城镇职工基本医疗保险的保障效果最强，其对健康状况的边际影响最大，其次是城镇居民基本医疗保险。相对而言，新型农村合作医疗的保障效果较差。基本医疗保险能够覆盖一部分治疗费用，减少了对家庭其他消费的挤压，有利于家庭长远的可持续生计发展。中国基本医疗保险制度的发展，给贫困家庭提供了更强的信心开展小规模的投资和扩大规模等生产行为。由于基本医疗保险制度的存在，贫困户有一定的心理预期，能够在患病治疗支出中得到基本医疗保险的一定比例报销和补偿（黄国武等，2018）。参照汪三贵等（2021）

相关研究成果，将人均可支配收入中位数的40%作为相对收入贫困线。换言之，在打赢脱贫攻坚战之后的贫困程度治理阶段，城镇贫困程度线为家庭人均年收入12951元，农村贫困程度线为家庭人均年收入5063元。通过相对收入贫困线作为标准计算贫困发生率，使用面板固定效应模型分析基本医疗保险对于贫困发生率的影响。研究发现，和没有参保的居民相比，基本医疗保险参保对贫困发生率具有显著的负向影响。即对于农村样本和城镇样本，基本医疗保险均存在显著的减贫效应。

因果关系检验方面，本书使用倾向值匹配的方法构建统计意义上的实验组和对照组。基本医疗保险参保和家庭贫困程度之间可能存在反向因果的问题，本书以参加基本医疗保险的居民为实验组，未参加基本医疗保险的居民为对照组。本书通过使用倾向得分匹配法，构建统计意义上的实验组和对照组。研究发现基本医疗保险参保和贫困减少之间存在因果联系。本书进一步尝试使用工具变量方法进行因果推广，由于数据库的限制和本书的研究议题，难以找到合适的工具变量。一般而言，工具变量需要和自变量密切相关，同时和因变量不存在之间的联系（胡安宁，2017；Winship & Morgan，1999）。在本书的研究议题中，即工具变量一方面要和是否参加基本医疗保险密切相关，另一方面也要和家庭收入和消费等不存在直接关联。本书进行了一些尝试，遗憾的是并未找到在统计上满足工具变量前提假设的相关变量。

基本医疗保险减贫效应的异质性影响。异质性是政策效应研究不可忽视的内在规律，异质性表现为同样的制度安排，对于不同的社会群体会产生不同的影响。基本医疗保险的减贫效应，很可能在不同的社会群体之间产生差异。本书分别使用年龄、城乡以及医保类型等标准进行分组，探讨基本医疗保险减贫效应的异质性影响，相关的研究假设参见表5－22。

表5－22　基本医疗保险减贫效应的异质性假设

研究假设 H2：基本医疗保险的减贫效应存在异质性	检验结果
H2.1：基本医疗保险的减贫效应对于不同年龄的参保群体存在差异	支持
H2.2：基本医疗保险的减贫效应在城乡家庭之间存在差异	支持
H2.3：不同类型的基本医疗保险减贫效应存在差异	支持
H2.4：基本医疗保险的减贫效应在不同收入水平的家庭方面存在差异	支持

资料来源：笔者绘制。

在年龄方面，基本医疗保险的减贫效应对于不同年龄阶段的群体存在差异，研究发现基本医疗保险的减贫效应对于60岁及以上的老年人更加明显。60岁及以上的老年人对于医疗服务资源的使用频率要显著地比中青年人群高，基本医疗保险很大程度上提高了医疗卫生服务的可负担性，降低了医药卫生支出费用。老年人对于医疗服务资源的使用频率要显著地比中青年人群高，基本医疗保险很大程度上提高了医疗卫生服务的可负担性，降低了医药卫生支出费用，有效地提高了老年人的健康水平（Dou et al.，2018；Yang et al.，2018）。医疗费用支出存在较为明显的年龄效应，即中老年的健康水平较差，因此医药费用支出较多（赵忠，2006；Li & Zhang，2013）。从这一角度出发，老年人接受医药卫生服务的概率更高，因此使用基本医疗保险的频率也更高。基本医疗保险通过有效降低医药费用支出，能够缓解家庭贫困状况，对老年人的效果更加明显。

在城乡家庭方面，基本医疗保险的减贫效应在城镇和农村之间存在差异。城镇样本中基本医疗保险的减贫效应要比农村样本明显。农村家庭和城镇家庭的生计活动模式存在显著的差异（左停、徐小言，2017；Jensen et al.，2020）。一般意义上，农村家庭的生计活动可能是农业型和非农业型，以及两者的混合，对物质资本和自然资本的依赖程度较高（Hosseinpoor et al.，2015）。对于城镇家庭而言，生计策略主要体现为单纯的职工收入，或者是个体私营企业等类型，对人力资本、金融资本和社会资本的依赖程度较高。

在不同的医保类型方面，城镇职工基本医疗保险的减贫效应最大，其次是城镇居民基本医疗保险，相比较而言，新型农村合作医疗的减贫效应比较微弱。三类不同的基本医疗保险制度在覆盖人群、参保形式、筹资方式、缴费基础、费用分担以及缴费水平等方面存在十分明显的差异，因此其减贫效应存在较为明显的异质性（马超等，2021；龙玉其等，2020）。在覆盖基数方面，新型农村合作医疗覆盖的人口规模最大（Sun J. & Lyu S.，2020）。政府机构采用多种手段和途径鼓励居民积极参保（林闽钢，2020；Finkelstein，2007）。城镇职工基本医疗保险是强制参与的，所有城镇就业的正式职工均纳入了城镇职工基本医疗保障体系。城镇居民基本医疗保险也是采用这种方式进行医疗保险基金的积累（关彦等，2021；郭庆、吴忠，2020）。从缴费基数的角度看，城镇职工基本医疗保险的缴费基数与个人工资水平密切相关，而城镇居民基本医疗保险和新型农村合作医疗则是定额筹资，不同参保个体的缴费基数水平是基本一致的（何文、申曙光，2021；彭浩然等，2020；仇雨临，2019）。从人均缴费水平的角度看，城镇职工基本医疗保险的缴费水平最高，为4271元。其次是城镇居民基本医疗保险，人均缴费为777元。新型农村合作医疗的人均缴费水平最低，为673元。从人均医药费用支出的角度看，城镇职工基本医疗保险的缴费水平最高，为3378元。其次是城镇居民基本医疗保险，人均缴费700元。新型农村合作医疗的人均缴费水平最低，为645元。

在不同的家庭收入分组方面，分位数异质性检验的结果表明，基本医疗保险的减贫效应在中低收入阶层十分显著，对于高收入阶层的保障效果不明显。理论上看，基本医疗保险减贫效应在中低收入阶层和高收入阶层之间的差异，可以从医疗保障水平的角度得到解释。对于中低收入阶层，基本医疗保险很可能是唯一的医疗保障。由于中国的基本医疗保险采用个人缴费和单位财政缴费混合的形式，对于中低收入家庭具有一定的吸引力。再加上城镇职工也有强制参保的制度设计，因此对于大部分中低收入家庭来说，基本医疗保险很可能是唯一的医疗保障。与此相反，对于高收入阶层来说，主要的医疗保险很可能来自保障水平更高的商业健康保险，基本医疗保险所发挥的作用十分有限。商业健康保险完全由参保者负担所有费用，参保成本高，保障水平高，因此高收入家庭参保的积极性较高。

基本医疗保险的减贫机制在于人力资本、金融资本和生计策略多样化。基本医疗保险对降低贫困程度的内在机理具有十分重要的政策意义，是探讨医保减贫的重要方面。以可持续生计理论为基础，本书分别从生计资本和生计策略两个角度，进行研究假设的验证。基本医疗保险减贫机理的研究假设，参见表 5 – 23。

表 5 – 23　　　　基本医疗保险减贫机制的假设

研究假设 H3：基本医疗保险的减贫机理在于生计资本和生计策略	检验结果
H3.1：基本医疗保险减贫，人力资本发挥了部分中介作用	支持
H3.2：基本医疗保险减贫，金融资本发挥了部分中介作用	支持
H3.3；基本医疗保险减贫，物质资本发挥了部分中介作用	不支持
H3.4；基本医疗保险减贫，自然资本发挥了部分中介作用	不支持
H3.5；基本医疗保险减贫，社会资本发挥了部分中介作用	不支持
H3.6；基本医疗保险减贫，生计策略多样化起到了调节作用	支持

资料来源：笔者绘制。

首先，人力资本起到了部分中介作用。通过中国家庭追踪调查的大样本数据分析，构建了面板数据固定效应模型和随机效应模型。研究发现，在控制了个体层面因素、家庭层面因素、时间固定效应和省份固定效应之后，和未参加医疗保险的群体相比，参加基本医疗保险的群体健康状况更好，即基本医疗保险对健康人力资本具有显著的正向影响。基本医疗保险打破疾病和贫困的恶性循环链条，防止越病越穷（黄国武等，2018）。中国农村地区的居民，普遍存在不够科学的就医行为。“小病拖、大病扛”成为农村居民对待疾病的首要处理方式，潜在的健康风险导致“小病拖成大病”（胡江霞、于永娟，2021）。这种现象的原因，很大程度是农村居民对于医疗费用支出的担忧。基本医疗保险的报销制度，在一定程度上提升了参保人员进行治疗的积极性，部分消除了去医院检查看病的后顾之忧，防止由于贻误检查治疗时间而进一步损害身体健康（Yip et al.，2019；Wagstaff et al.，2009）。由于基本医疗保险制度的存在，贫困户有一定的心理预期，能够在患病治疗支出中得到基本医疗保险的一定比例报销和补偿。健康扶贫通过引导贫困人口的科学就医行为，显著提高了贫困家庭健康状况和人力资本积累（周小敏，2020；王海漪、杜婷，2021；Pradhan & Prescott，2002）。因此，基本医疗保险制度的存在一定程度上减轻了居民就医的后顾之忧，能够有效促进农村居民的科学就医行为，发生疾病及时就医和治疗，有效提升健康人力资本（Peng & Ling，2019）。进一步的中介效应实证模型发现，健康人力资本在基本医疗保险和贫困减少之间起到了部分的中介作用。健康扶贫工程中的重要一项内容，就是通过财政投入实现基本医疗保险贫困户全覆盖的目标。中央预算对集中连片特困地区进行专项转移性支付，推动实现了建档立卡贫困户基本医疗“应纳全纳”（叶慧、刘玢彤，2020；余达淮、王世泰，2020；Van Rijn & Burger，2012）。通过财政兜底将所有建档立卡贫困户纳入基本医疗保障的制度体系当中，能够切实地提高其健康状况，减少疾病对于健康和家庭可持续生计的冲击。健康扶贫工程有效地防止了普通贫困户由于健康原因走向深度贫困（赵德余，2020；Hosseinpoor et al.，2015），深度贫困户也在一定程度上防止了其生计状况的进一步恶化。

其次，金融资本在医保减贫的过程中起到了部分的中介作用。一方面，医疗保险能够在发生医疗费用的时候，按照既定的政策规定保险，直接减少参保居民自付医药费用的比例，降低了医药费用支出，进而直接减少了对于家庭现金和储蓄的消耗。相关研究也发现，医保报销能够有效降低自付的医药费用总额，一定程度上减少对家庭储蓄的冲击（周坚等，2019；Fan et al.，2021）。另一方面，灾难性的医药费用支出对于家庭金融资本积累以及其他长远发展计划会产生显著的负面影响。对于贫困家庭而言，如果没有基本医疗保险提供一定的补偿作用，大额的医药费用支出极大概率会消耗家庭有限的储蓄和现金，造成深度贫困的发生。

需要指出的是，物质资本、自然资本和社会资本的中介作用没有通过显著性检验。理论上看，物质资本和自然资本的中介效应不显著，可以从这两类资本自身的特点进行解释。物质资本是指生产资料，房屋结构、房屋面积、饲养牲畜的数量、农作物的产量、交通运输工具、农用机械等生产资料是物质资本的重要构成要素（黎洁等，2009；梁义成等，2014）。自然资本是指生计活动过程中由自然界提供的要素，一般包括土地面积、灌溉便利程度、土地肥沃程度和粮食单产等方面（汤青，2015；Griggs et al.，2013）。可以发现这两类资本和基本医疗保险的联系比较微弱，因此基本医疗保险的参保行为对其难以产生显著的影响，在医保减贫的过程中难以发挥中介作用。对于社会资本而言，社会资本的核心在于人际的网络支持，即能否得到他人的帮助。从这个角度看，基本医疗保险和社会资本之间的联系也比较有限。综合以上分析可以发现，自然资本、物质资本和社会资本在基本医疗保险减贫过程中的中介效应不显著是符合可持续生计的理论预期的。

最后，生计策略多样化在医保减贫中起到了调节作用。通过在面板固定效应模型中构建交互项，研究发现基本医疗保险减少贫困程度的作用机制，主要是生计策略多样化的调节效应。理论上看，当家庭的生计策略多样化时，基本医疗保险的参保行为能够额外带来收入效应。换言之，当参加基本医疗保险的家庭同时生计策略是多样化时，基本医疗保险的减贫效应更加明显。多样化生计策略指的是同时从事多种类型的生计活动，以便提高家庭收入和抗风险能力（Rogers et al.，2019）。与单一化生计策略相反，多样化生计策略是家庭基于不同类型的生计资本，从多个不同的方面开展生产经营活动。多样化的生计策略也能够有效实现减贫的目标，比单纯依靠工资收入的家庭更容易实现脱贫的目标。这就意味着，对于生计策略多样化的家庭，基本医疗保险更能够缓解贫困的程度，生计策略多样化调节了基本医疗保险减贫的强度。

第六章

结论与展望

本章节重点概括基本医疗保险制度的减贫效应、异质性影响以及减贫机理等内容。并进一步从理论对话的角度归纳本书的研究贡献，有针对性地提出政策建议。同时总结本书存在的主要不足和局限性，并且指出了未来研究进一步拓展的方向。

第一节　研究结论

本书通过对一系列研究假设的实证检验，在可持续生计的理论框架下探讨基本医疗保险与贫困状况的关系和内在影响机理。首先，对家庭可持续生计和基本医疗保险进行理论探讨。生计资本、生计策略、生计结果以及脆弱性背景，是家庭可持续生计理论框架的核心要素。本书基于文献梳理，对不同理论要素之间的关系和影响进行理论讨论，以期更加全面地理解家庭生计的过程和内在机理。一方面，从理论探讨的角度，本书以家庭可持续生计理论为基础，提出了医疗保险的“个体参保—家庭生计”的双层嵌套理论分析框架，在家庭可持续生计的一致性理论框架中探讨医保减贫这一政策议题。另一方面，从统计分析建模的角度，本书分别从基本医保的减贫效应、异质性和减贫机理三个维度，实证检验了基本医疗保险与贫困程度之间的内在联系。本书以中国家庭追踪调查为基础，构建了一个涵盖家庭和个体两个层次的大样本平衡面板数据。

在可持续生计理论基础和本书提出的分析框架中，通过采用描述性统计分析、面板数据层级回归以及相关的因果推断方法，分析基本医疗保险对于贫困程度的政策效应和内在机理。本书的研究结论主要有以下三个方面。

第一，基本医疗保险具有显著的减贫效应。以家庭收入作为因变量，在控制了个体人口学变量、家庭层面的生计资本和生计策略，以及时间和省份的固定效应之后，研究发现，参加基本医疗保险对家庭收入具有显著的正向影响。换言之，在控制了相关的协变量之后，和未参加基本医疗保险的群体相比，参加了基本医疗保险的群体其家庭收入更高。稳健性检验方面，本书使用家庭消费指标替代家庭收入指标，研究发现，基本医疗保险对于家庭消费的影响显著为正，说明基本医疗保险对于家庭收入和消费的正向影响是比较稳健的。将基本医疗保险进一步细分为不同的类型，研究发现，不同类型医疗保险对家庭收入的影响存在较大差异，城镇职工基本医疗保险对家庭收入的正向影响最强。相比较而言，新型农村合作医疗的保障效果较差。参考汪三贵等（2021）的研究，本书通过相对收入贫困线，将调查数据库中的家庭划分界定为贫困家庭和非贫困家庭，计算贫困发生率，并以此作为因变量探讨基本医疗保险的减贫效应。通过面板 logit 模型，研究发现，对于农村样本和城镇样本，基本医疗保险对于贫困发生率具有显著的负向影响，即基本医疗保险具有显著的减贫效应。本书通过采用不同的相对收入贫困线，研究发现基本医疗保险的减贫效应依然显著。参加基本医疗保险，对于家庭的贫困发生率具有显著的负向影响。本书进一步探讨了不同类型的基本医疗保险对于家庭贫困发生率的影响，研究发现，城镇职工基本医疗保险的减贫效应最明显，其次是城镇居民基本医疗保险。相比较而言，新型农村合作医疗的减贫效应较弱。除此之外，本书通过倾向值匹配的因果推断方法，基本医疗保险参保和健康状况之间存在因果联系。通过倾向值匹配方法，本书利用家庭调查数据构造了统计意义上的实验组（参加基本医疗保险）和对照组（未参加基本医疗保险）。研究发现，基本医疗保险的减贫效应具有因果层面的意义，这一发现进一步深化了对于基本医疗保险减贫效应的理解。

第二，基本医疗保险的减贫效应存在异质性。基本医疗保险的减贫效应对于不同的群体呈现出差异化的影响，具体而言：在年龄方面，基本医疗保险的减贫效应对于不同年龄阶段的群体存在差异，研究发现基本医疗保险的减贫效应对于60岁及以上的老年人更加明显。60岁及以上的老年人对于医疗服务资源的使用频率要显著地比中青年人群高，基本医疗保险很大程度上提高了医疗卫生服务的可负担性，降低了医药卫生支出费用。在城乡家庭方面，基本医疗保险的减贫效应在城镇和农村之间存在差异。农村地区和城镇地区适用不同的医疗保险类型，并在农村和城镇之间还存在结构性的差异。实际上，农村和城镇医疗保险制度的差异，是历史和客观现实等因素综合作用的结果。虽然从2016年开始国务院在推进城乡医保整合，但是实际上各地的进程不一样。部分地区虽然进行了城乡医保整合，但是农村和城镇适用的标准是不一样的。形式上整合，实际保障待遇上依然存在显著区别。实证分析结果发现，在控制了个体层面和家庭层面的相关变量之后，城镇样本中基本医疗保险的减贫效应要比农村样本明显。换言之，基本医疗保险的减贫效应对于城镇居民更加明显，而对于农村居民则相对较小。在不同的医保类型方面，基本医疗保险的不同类型对健康存在异质性的影响。在减贫效应方面，城镇职工基本医疗保险的减贫效应最大，其次是城镇居民基本医疗保险，相比较而言，新型农村合作医疗的减贫效应比较微弱。

第三，基本医疗保险的减贫机制在于生计资本和生计策略。首先，通过中介效应模型发现人力资本和金融资本在医保减贫中起到了部分的中介作用。物质资本、自然资本和社会资本的中介效应不显著。从理论上看，这种中介机制表现为在参保群体在罹患疾病并产生医疗费用支出时，基本医疗保险能够有效地减少医药费用支出对于家庭人力资本和金融资本的冲击，从而发挥减贫作用。其次，生计策略多样化调节了医保减贫的强度。通过在面板固定效应模型中构建交互项，研究发现基本医疗保险减少家庭贫困的作用机制，主要是生计策略多样化的调节效应。这就意味着，对于生计策略多样化的家庭，基本医疗保险更能够缓解家庭贫困的程度。生计策略多样化调节了基本医疗保险减贫的强度。

第二节　研究贡献与政策建议

一　研究贡献

本书在可持续生计的理论框架下探讨基本医疗保险制度建设与家庭贫困治理，可能的研究贡献集中在理论增进和量化因果识别两个层面，具体包括以下三点。

第一，从可持续生计的理论维度分析医保减贫，在边际意义上拓展了医保减贫的研究视角。现有关于医保减贫的研究，主要是从降低贫困脆弱性和提升健康状况两个视角展开（王文略等，2015；李小云等，2007；You & Kobayashi，2009），从家庭生计角度探讨基本医疗保险与贫困问题的研究相对比较缺乏。可持续生计理论比较全面地概括了家庭生计和贫困状况的各个方面，有助于探讨贫困治理等相关公共政策议题（李树茁等，2021）。本书以可持续生计理论为基础，提出了一个医保减贫的生计分析框架，为医保减贫研究提供了一个相对较新的研究切入点，在边际意义上拓展了医保减贫的分析视角。除此之外，可持续生计框架在贫困减少方面的应用非常成熟，相关的研究成果提出了非常多具有启发性的研究结论。相对而言，在基本医疗保险等社会保障减贫的相关研究中应用比较少。本书使用可持续生计框架分析医保减贫，在一定程度上也拓展了可持续生计理论的适用边界。

第二，基于生计资本和生计策略两个维度提出了医保减贫的内在机制，深化了对于医保减贫内在机理的理解。关于基本医疗保险减贫的理论机制，现有研究主要是围绕着提升人力资本和降低医药费用进行阐释（周坚等，2019；方迎风、周辰雨，2020；Wagstaff et al.，2009；Fan et al.，2021）。本书依次检验了五类生计资本在医保减贫中的作用机制，研究发现人力资本的中介效应十分明显，这一点与现有研究相一致。同时还发现物质资本、自然资本和社会资本在医保减贫中没有显著的作用，这一点是对现有研究的边际拓展。除此之外，对于生计策略在基本医疗保险参保与贫困减少之间发挥何种作用这个问题，相关的研究比较缺乏。本书研究发现生计策略多样化实际上增强了医保减贫的强度。本书关于生计资本和生计策略在医保减贫中介和调节作用的发现，深化了对于医保减贫机制的理解。

第三，本书建立了基本医疗保险参保和贫困减少之间的因果联系，在量化因果识别的层面做出了一定的边际贡献。本书以中国家庭追踪调查 2010—2018 年的成人数据、家庭数据以及村居社区数据为基础，构建了一个是时间跨度为 8 年的大样本的平衡面板数据，综合使用面板固定效应模式和随机效应模型，分析基本医疗保险对贫困程度的影响。在进一步的因果识别层面，本书通过应用倾向得分匹配的方法，构建了统计意义上的实验组和对照组，探讨基本医疗保险制度对于家庭生计结果的影响，建立了基本医疗保险参保对家庭贫困减少之间的因果联系。在进一步的影响机制分析方面，本书在可持续生计理论基础上建立生计策略的调节效应模型，提出了生计策略多样化减贫的调节效应机制。在基本医疗保险制度与家庭贫困治理的因果推断层面做出了一定的边际贡献。

综合来看，就基本医疗保险制度建设和贫困治理的研究议题而言，本书在理论增进层面和量化因果识别层面做出了一定的边际贡献。

二　政策建议

政策建议方面，进一步推进贫困治理，最终实现共同富裕，基本医疗保险制度建设需要重点从以下三个方面持续发力。

第一，加强对基本医疗保险制度的财政投入，持续推进基本医疗保险全民覆盖的政策目标。基本医疗保险参保能够显著地降低家庭的贫困发生率，提高家庭应对风险冲击的能力，促进生计资本积累，提升生计策略的多样化水平，有效防止因病返贫现象的发生。实际上，中国近年来推进的相关改革正在有序地实现基本医疗保险全民覆盖的目标。通过加大对基本医疗保险的财政投入，持续推动基本医疗保障的制度建设，进一步推进基本医疗保险制度的全民覆盖，对于在全国范围内实现家庭贫困的高效治理具有十分重要的政策意义。

第二，进一步推进城乡基本医疗保障体系整合，补齐农村基本医疗保险的短板。本书在基本医疗保险的异质性分析中发现，新型农作合作医疗的保障效果和减贫效应相对比较有限，这说明了农村的基本医疗保障体系存在进一步提升的空间。推进城乡医保整合对于提升农村居民的医疗保障水平具有重要的意义。在实际整合的过程中，各个省份的进程差异较大，并且在保障待遇方面往往是“一制多档”。中国大部分家庭贫困群体则主要集中在农村，因此有必要加强对新型农村合作医疗的投入，协同推动城乡基本医疗卫生制度建设，尽快补齐农村基本医疗保险的短板。通过进一步强化统一医保目录、统一定点管理、统一基金管理和统一保障待遇，逐渐消除“一制二档”和“一制多档”的现象，实现城乡居民统一保障待遇和报销水平，进一步缩小城镇和农村在医疗保险保障水平方面的差距。

第三，协调推进医疗保障制度体系建设，形成以基本医疗保障制度为主体、多种形式医疗保障共同发展的制度格局。城镇职工基本医疗保险制度主要覆盖了在城镇工作的人口，其中个人账户的缴费由职工和单位分摊。补充医疗保险制度体系，主要是针对高收入人群更高层次的医疗保障需要。兜底体系为城乡医疗救助制度。城乡医疗救助体系针对的突发意外医疗事件给个人和家庭带来的冲击，旨在通过捐款和救助金等方式，缓解受困群众的燃眉之急。进一步发挥医疗保险制度的减贫效应，需要持续推进以基本医疗保险制度为主体、多种形式医疗保险共同发展的协同治理格局。

第三节 研究局限与未来展望

一 研究局限

本书虽然通过具有全国代表性的大样本数据和量化模型，验证了基本医疗保险对贫困程度的影响及其内在机理，但是仍然存在一定的局限和进一步拓展的空间，研究局限主要体现在以下四个方面。

第一，生计资本和生计策略的变量测量存在一定的缺陷。在可持续生计的相关研究中，生计资本和生计策略大部分会采用多指标的方式进行测量，以期对家庭的生计资本和生计策略方式形成比较准确的测量。就本书使用的中国家庭追踪调查而言，虽然是一项长时间段的追踪调查，但是在生计资本和生计策略的测量方面并不连续。个别常用的测量指标在一些年份有，在另一些年份没有，这就导致了构建平衡面板的过程中不得不放弃一部分缺失的测量指标。受到数据的限制，因此只能够选择相应的替代指标进行测量，因此在生计资本和生计策略的测量方面存在一定程度的误差。

第二，基本医疗保险与家庭贫困之间内生性问题有待进一步厘清，因果识别有待进一步深入。基本医疗保险参保与家庭贫困之间的内生性问题，主要体现为反向因果问题。这就意味着，家庭贫困程度会影响基本医疗保险的参保选择。内生性问题一直是基于调查数据（survey data）的实证研究需要面对的一个挑战，本书也不例外。在基本医疗保险减贫效应和减贫机制的探讨中，本书使用了面板数据固定效应模型、随机效应模型以及倾向值匹配等方法。实际上，面板数据固定效应模型和随机效应模型本质上是对变量之间相关关系的解释，并没有因果层面的意涵。在解决基本医疗保险参保和家庭贫困的内生性问题方面，本书也做出了一些努力，通过使用倾向值匹配方法构建统计意义上的实验组和对照组，虽然能够在一定程度上厘清反向因果的内生性问题，在因果识别层面提供一些信息。但是和自然试验基础上的因果推断相比，在稳健性和可靠性方面依然具有较大的差距。因此在基本医疗保险减贫效应的内生性问题厘清和因果识别方面，本书仍有较大的提升空间。

第三，本书主要聚焦于微观层面，缺乏对宏观层面统计数据的考量。本书以家庭微观调查数据为主，探讨基本医疗保险的减贫效应，主要内容在于进行相关分析和因果识别。对于宏观和中观层面基本医疗保险制度变迁的过程涉及得相对较少。除此之外，由于本书所使用的微观调查数据地理信息代码不够全面，因此难以在地级市和区县等更加细致层面匹配统计数据和年鉴数据，存在一定的缺憾。

第四，城乡医保整合如何影响贫困程度的问题有待探讨。国务院层面在 2016 年推动实施城乡医保整合，实际上在这之前部分地方政府已经有一些先行试点。城乡医保试点整合的渐进过程，事实上为探讨政策效应提供了一个很好的自然试验，有助于从因果识别的角度分析基本医疗保险对于家庭贫困的影响。比较遗憾的是，中国家庭追踪调查的数据难以支撑对于这个自然试验过程的因果识别，核心原因主要有两个方面：一是对于基本医疗保险的测量，中国家庭追踪调查 2010—2018 年的面板数据关于参加何种医疗保险的问题中，缺失了“城乡居民基本医疗保险”这个关键的问项。所以在数据库中没有办法识别哪些群体参加了城乡居民医保，哪些群体是新型农村合作医疗或者城镇居民医保。二是地理信息代码仅公开到省级层面。中国家庭追踪调查为了最大限度地保护被访者的个人隐私，在地理信息代码方面仅仅公布了省一级，地级市和区县的代码都做了模糊化处理，因此数据匹配方面仅仅能到省份一级。与此相对应的是，中国的城乡医保整合各个地方差异较大，主要是集中在地级市层面，个别地方仅能做到区县层面的统筹，因此无法进一步进行数据匹配和因果推断。从探讨政策效应和因果识别的角度看，本书未能够对城乡医保整合的减贫效应进行探讨，确实是一个较大的缺陷和遗憾。

二 未来展望

对于基本医疗保险制度与贫困治理的后续研究，主要可以从以下两个方面进一步深入。

第一，以城乡基本医疗保障制度整合的自然实验为契机，探讨基本医疗保险与家庭贫困减少之间的因果联系。先由地方试点，再逐步在全国范围内推广的城乡基本医疗保险制度整合，可以作为一项潜在的自然实验，对于从因果层面探讨基本医疗保险制度建设与贫困治理具有十分重要的意义。比如通过双重差分的方法，能够综合比较新型农村合作医疗、城镇居民基本医疗保险以及城乡居民基本医疗保险对于贫困状况的影响。这类研究一方面需要更加具体的微观调查数据，地理信息代码最好能够公开到区县一级。另一方面，需要系统地收集各个地方城乡医疗整合的政策文件，以期精准识别改革的具体时间。这两个方面可以作为本书持续深入的方向。

第二，探讨基本医疗保险的减贫效应，综合使用微观调查数据和统计年鉴数据。微观调查数据和统计年鉴数据各有特点，也都存在一定的缺陷，综合使用两类不同的数据能够获得更加准确的实证模型系数估计，对于深入探讨基本医疗保险减贫效应的内在机理具有重要的意义。相较于统计数据和年鉴数据，微观调查数据能够提供丰富的个体层面和家庭层面的信息，变量的测量更加灵活，能够提供主观态度、个人感受和心理状态等方面的详细信息。当然，微观调查数据测量的精确性不如统计数据和年鉴数量。与此相对应，统计数据和年鉴数据测量准确全面，能够涵盖中央和地方，城镇和农村以及各行各业的相关信息。就基本医疗保险与家庭贫困治理这一研究议题而言，综合使用微观调查数据和统计年鉴数据，能够更加全面系统地探讨和分析基本医疗保险的减贫效应，这也是后续研究的一个发展方向。

参考文献

白浩然、李敏、刘奕伶：《复合治理：地方脱贫进路的一个理论解释——基于153个脱贫摘帽县的扎根研究》，《公共行政评论》2020年第11期。

白重恩、李宏彬、吴斌珍：《医疗保险与消费：来自新型农村合作医疗的证据》，《经济研究》2012年第2期。

边燕杰、孙宇、李颖晖：《论社会资本的累积效应》，《学术界》2018年第5期。

蔡昉：《中国发展经验的世界意义》，《经济研究》2017年第11期。

蔡小慎、王雪岚、王淑君：《可持续生计视角下我国就业扶贫模式及接续推进乡村振兴对策》，《学习与实践》2021年第5期。

陈楚、潘杰：《健康扶贫政策目标与因病致贫情境的确认评价——以贵州省赤水市健康扶贫实践为例》，《中国卫生政策研究》2019年第4期。

陈璐、王金旭、范红丽：《医疗保险与流动人口社会融入：来自商业保险的证据》，《保险研究》2018年第2期。

陈志钢、毕洁颖、吴国宝、何晓军、王子妹一：《中国扶贫现状与演进以及2020年后的扶贫愿景和战略重点》，《中国农村经济》2019年第1期。

陈宗胜、沈扬扬、周云波：《中国农村贫困状况的绝对与相对变动——兼论相对贫困线的设定》，《管理世界》2013年第1期。

程名望、Jin Yanhong、盖庆恩、史清华：《农村减贫：应该更关注教育还是健康？——基于收入增长和差距缩小双重视角的实证》，《经济研究》2014 年第 11 期。

仇叶、贺雪峰：《泛福利化：农村低保制度的政策目标偏移及其解释》，《政治学研究》2017 年第 3 期。

仇雨临、王昭茜：《守正、发展与创新："十四五"时期医疗保障的完善思路》，《行政管理改革》2021 年第 4 期。

仇雨临：《中国医疗保障 70 年：回顾与解析》，《社会保障评论》2019 年第 1 期。

戴卫东、徐谷雄：《农村医疗救助的扶贫效果及其制约因素的实证研究——基于"国家扶贫改革试验区"丽水市的调查》，《中国软科学》2020 年第 4 期。

邓佳欣、张媚、袁小丽、王晓昕：《政策协同对贫困患者经济减负效果评价研究》，《中国卫生政策研究》2020 年第 6 期。

翟绍果：《健康贫困的协同治理：逻辑、经验与路径》，《治理研究》2018 年第 5 期。

丁辉侠、张紫薇：《历史制度主义视角下中国健康扶贫政策变迁与动力机制》，《中国卫生政策研究》2021 年第 5 期。

丁建彪：《整体性治理视角下中国农村扶贫脱贫实践过程研究》，《政治学研究》2020 年第 3 期。

董克用：《真正的适度保障应通过多层次制度加以实现》，《中国医疗保险》2019 年第 12 期。

董帅兵、郝亚光：《巩固、拓展与衔接：过渡期贫困治理的路径探索》，《经济学家》2021 年第 8 期。

杜倩、仇雨临：《基层政府创新及扩散研究——以整合城乡居民基本医疗保险为例》，《中国卫生政策研究》2020 年第 12 期。

费太安：《健康中国 百年求索——党领导下的我国医疗卫生事业发展历程及经验》，《管理世界》2021 年第 11 期。

樊丽明、解垩：《公共转移支付减少了贫困脆弱性吗?》，《 经济研究》2014 年第 8 期。

樊士德、金童谣：《中国劳动力流动对城乡贫困影响的异质性研究》，《中国人口科学》2021 年第 4 期。

范乔希、万青：《生计资本对农户可持续生计活动的影响分析》，《统计与决策》2021 年第 10 期。

方杰、温忠麟、张敏强、任皓：《基于结构方程模型的多层中介效应分析》，《心理科学进展》2014 年第 3 期。

方舒、王艺霏：《金融能力与相对贫困治理——基于 CFPS2014 数据的实证研究》，《社会学评论》2021 年第 3 期。

方迎风、周辰雨：《健康的长期减贫效应——基于中国新型农村合作医疗政策的评估》，《当代经济科学》2020 年第 4 期。

封进、李珍珍：《中国农村医疗保障制度的补偿模式研究》，《经济研究》2009 年第 4 期。

封进、余央央、楼平易：《医疗需求与中国医疗费用增长——基于城乡老年医疗支出差异的视角》，《中国社会科学》2015 年第 3 期。

冯伟林、李树茁、李聪：《生态移民经济恢复中的人力资本与社会资本失灵——基于对陕南生态移民的调查》，《人口与经济》2016 年第 1 期。

冯伟林、李树茁：《人力资本还是社会资本？——移民社会适应的影响因素研究》，《人口与发展》2016 年第 4 期。

巩艳红、薛倩：《普惠金融发展对相对贫困的影响分析》，《统计与决策》2021 年第 11 期。

顾海、吴迪：《“十四五”时期基本医疗保障制度高质量发展的基本内涵与战略构想》，《管理世界》2021 年第 9 期。

顾昕：《公共财政转型与政府卫生筹资责任的回归》，《中国社会科学》2010 年第 2 期。

郭婕、吴玉锋、吴倩倩：《基本医疗保险促进了居民健康与公平感吗》，《社会保障研究》2021 年第 3 期。

郭劲光、孙浩：《社会保障是否有助于未来减贫？——基于贫困脆弱性视角的检验》，《学习与实践》2019 年第 12 期。

郭君平、谭清香、曲颂：《进城农民工家庭贫困的测量与分析——基于“收入—消费—多维”视角》，《中国农村经济》2018 年第 9 期。

郭庆、吴忠：《城乡居民医保制度统筹会产生促健防贫效用？——基于 PSM – DID 方法的研究》，《中国卫生政策研究》2020 年第 7 期。

郭熙保、罗知：《贸易自由化、经济增长与减轻贫困——基于中国省际数据的经验研究》，《管理世界》2020 年第 2 期。

何得桂、徐榕：《团结性吸纳：中国国家与社会关系的一种新解释》，《中国农村观察》2021 年第 3 期。

何昊、白永秀：《社会资本对农村家庭贫困脆弱性影响的实证检验》，《统计与决策》2021 年第 6 期。

何仁伟、方方、刘运伟：《贫困山区农户人力资本对生计策略的影响研究——以四川省凉山彝族自治州为例》，《地理科学进展》2019 年第 9 期。

何仁伟、李光勤、刘邵权、徐定德、李立娜：《可持续生计视角下中国农村贫困治理研究综述》，《中国人口·资源与环境》2017 年第 11 期。

何仁伟、李光勤、刘运伟、李立娜、方方：《基于可持续生计的精准扶贫分析方法及应用研究——以四川凉山彝族自治州为例》，《地理科学进展》2017 年第 2 期。

何仁伟、刘邵权、陈国阶、谢芳婷、杨晓佳、梁岚：《中国农户可持续生计研究进展及趋向》，《地理科学进展》2013 年第 4 期。

何仁伟：《城乡融合与乡村振兴：理论探讨、机理阐释与实现路径》，《地理研究》2018 年第 11 期。

何仁伟：《山区聚落农户可持续生计发展水平及空间差异分析——以四川省凉山州为例》，《中国科学院大学学报》2014 年第

2 期。

何文、申曙光：《城乡居民医保一体化政策缓解了健康不平等吗？——来自中国地级市准自然实验的经验证据》，《中国农村观察》2021 年第 3 期。

何文炯、杨一心：《医疗保障治理与健康中国建设》，《公共管理学报》2017 年第 2 期。

何燕、李静：《授人以渔：数字普惠金融的减贫效应及就业机制》，《消费经济》2021 年第 3 期。

和经纬：《中国城市公立医院民营化的政治经济学逻辑》，《中国行政管理》2010 年第 4 期。

和萍：《优化健康扶贫政策实施探索：盐池模式及经验启示》，《中国行政管理》2019 年第 8 期。

洪灏琪、宁满秀、罗叶：《城乡居民医保整合是否抑制了农村中老年人健康损耗?》，《中国农村经济》2021 年第 6 期。

侯志阳：《社会保险能否让我们更幸福？——基于阶层认同的中介作用和公共服务绩效满意度的调节作用》，《公共行政评论》2018 年第 6 期。

胡安宁、吴晓刚、陈云松：《处理效应异质性分析——机器学习方法带来的机遇与挑战》，《社会学研究》2021 年第 1 期。

胡安宁：《统计模型的“不确定性”问题与倾向值方法》，《社会》2017 年第 1 期。

胡江霞、于永娟：《人力资本、生计风险管理与贫困农民的可持续生计》，《公共管理与政策评论》2021 年第 2 期。

胡志平、余珊：《卫生治理能力、内卷化与健康扶贫》，《中共中央党校（国家行政学院）学报》2020 年第 4 期。

黄茂兴、叶琪：《100 年来中国共产党“国强民富”思想的理论嬗变与实践探索》，《管理世界》2021 年第 11 期。

黄薇：《保险政策与中国式减贫：经验、困局与路径优化》，《管理世界》2019 年第 1 期。

黄薇：《医保政策精准扶贫效果研究——基于 URBMI 试点评估入户调查数据》，《经济研究》2017 年第 9 期。

黄志刚、黎洁、王静：《贫困区农户生计资本组合对收入影响的优化效应分析——基于陕西 778 份农户调查数据》，《农业技术经济》2021 年第 7 期。

贾俊雪、秦聪、刘勇政：《“自上而下”与“自下而上”融合的政策设计——基于农村发展扶贫项目的经验分析》，《中国社会科学》2017 年第 9 期。

解垩：《公共转移支付对再分配及贫困的影响研究》，《经济研究》2017 年第 9 期。

黎洁、李亚莉、邰秀军、李聪：《可持续生计分析框架下西部贫困退耕山区农户生计状况分析》，《中国农村观察》2009 年第 5 期。

黎蔺娴、边恕：《经济增长、收入分配与贫困：包容性增长的识别与分解》，《经济研究》2021 年第 2 期。

李聪、李树茁、费尔德曼、邰秀军：《劳动力迁移对西部贫困山区农户生计资本的影响》，《人口与经济》2010 年第 6 期。

李聪、柳玮、冯伟林、李树茁：《移民搬迁对农户生计策略的影响——基于陕南安康地区的调查》，《中国农村观察》2013 年第 6 期。

李华、高健：《城乡居民大病保险治理“因病致贫”的效果差异分析》，《社会科学辑刊》2018 年第 6 期。

李华、俞卫：《政府卫生支出对中国农村居民健康的影响》，《中国社会科学》2013 年第 10 期。

李华：《新型农村合作医疗制度的效果分析——基于全国 30 省 1451 行政村 14510 户的实地调查》，《政治学研究》2011 年第 2 期。

李棉管、岳经纶：《相对贫困与治理的长效机制：从理论到政策》，《社会学研究》2020 年第 6 期。

李树茁、高博发、李聪、黎洁：《公共政策视角下的保护、发展与福祉问题——一个跨学科研究框架的提出与应用》,《公共管理学报》2021 年第 2 期。

李树茁、徐洁、左冬梅、曾卫红:《农村老年人的生计、福祉与家庭支持政策——一个可持续生计分析框架》,《当代经济科学》2017 年第 4 期。

李文钊:《因果推理中的潜在结果模型:起源、逻辑与意蕴》,《公共行政评论》2018 年第 1 期。

李亚青:《基本医疗保险财政补贴的动态调整机制研究》,《公共管理学报》2017 年第 1 期。

李亚青:《社会医疗保险财政补贴增长及可持续性研究——以医保制度整合为背景》,《公共管理学报》2015 年第 1 期。

李永友、沈坤荣:《财政支出结构、相对贫困与经济增长》,《管理世界》2007 年第 11 期。

梁春贤:《我国基本医疗保险制度中政府责任分析》,《管理世界》2011 年第 6 期。

梁土坤:《个体差异、企业特征、制度保护与流动人口社会保险可及性——基于“福利三角”理论模型的实证研究》,《社会保障研究》2007 年第 1 期。

林闽钢、梁誉:《社会服务国家:何以可能与何以可为》,《公共行政评论》2016 年第 5 期。

林闽钢:《相对贫困的理论与政策聚焦——兼论建立我国相对贫困的治理体系》,《社会保障评论》2020 年第 1 期。

林万龙、刘竹君:《变“悬崖效应”为“缓坡效应”?——2020 年后医疗保障扶贫政策的调整探讨》,《中国农村经济》2021 年第 4 期。

刘汉成、陶建平:《倾斜性医疗保险扶贫政策的减贫效应与路径优化》,《社会保障研究》2020 年第 4 期。

刘欢:《人力资本投入对农村贫困家庭的减贫效应分析——基于健康、教育、社会保险、外出务工比较视角》,《经济经纬》

2017 年第 5 期。

刘焕、秦鹏：《脱贫攻坚与乡村振兴的有机衔接：逻辑、现状和对策》，《中国行政管理》2020 年第 1 期。

刘穷志：《公共支出归宿：中国政府公共服务落实到贫困人口手中了吗?》，《管理世界》2007 年第 4 期。

刘永茂、李树茁：《农户生计多样性发展阶段研究——基于脆弱性与适应性维度》，《中国人口·资源与环境》2017 年第 7 期。

刘子宁、郑伟、贾若、景鹏：《医疗保险、健康异质性与精准脱贫——基于贫困脆弱性的分析》，《金融研究》2019 年第 5 期。

龙玉其、王延中、宁亚芳：《“十四五”时期社会保障发展的目标思路与关键举措》，《经济学动态》2020 年第 8 期。

罗楚亮：《经济增长、收入差距与农村贫困》，《经济研究》2012 年第 2 期。

罗良清、平卫英：《中国贫困动态变化分解：1991 ~ 2015 年》，《管理世界》2020 年第 2 期。

吕光明、崔新新、孙伯驰：《防止返贫动态监测和精准帮扶的着力点——基于 CFPS 数据的实证分析》，《财政研究》2020 年第 8 期。

吕普生：《制度优势转化为减贫效能——中国解决绝对贫困问题的制度逻辑》，《政治学研究》2021 年第 3 期。

马超、李植乐、孙转兰、唐润宇：《养老金对缓解农村居民医疗负担的作用——为何补贴收入的效果好于补贴医保》，《中国工业经济》2021 年第 4 期。

马光荣、郭庆旺、刘畅：《财政转移支付结构与地区经济增长》，《中国社会科学》2016 年第 9 期。

马明、陈绍军、陶思吉、曹志杰：《易地扶贫搬迁移民生计策略、生计资本与家庭收入影响研究——以云南少数民族深度贫困地区为例》，《干旱区资源与环境》2021 年第 8 期。

毛捷、赵金冉：《政府公共卫生投入的经济效应——基于农村居民消费的检验》,《中国社会科学》2017 年第 10 期。

孟宏斌:《新中国成立 70 年来农村医疗保障制度变迁及其经验启示》,《中国农业大学学报》(社会科学版)2019 年第 5 期。

孟天广:《专栏导语:利用实验方法理解公共治理之道》,《公共行政评论》2019 年第 4 期。

潘杰、雷晓燕、刘国恩:《医疗保险促进健康吗?——基于中国城镇居民基本医疗保险的实证分析》,《经济研究》2013 年第 4 期。

潘文轩:《医疗保障的反贫困作用与机制设计》,《西北人口》2018 年第 4 期。

彭浩然、郑倩昀、岳经纶、梁玮佳:《中国卫生筹资转型的决定因素与健康绩效》,《管理世界》2016 年第 6 期。

彭宅文:《改革开放以来的社会医疗保险制度改革:政策范式转移与制度约束》,《社会保障评论》2018 年第 4 期。

平卫英、罗良清、张波:《我国就业扶贫的现实基础、理论逻辑与实践经验》,《管理世界》2021 年第 7 期。

邱子迅、周亚虹:《电子商务对农村家庭增收作用的机制分析——基于需求与供给有效对接的微观检验》,《中国农村经济》2021 年第 4 期。

任田、胡锦梁、黄茂娟、潘敏、张媚:《贫困、疾病及精准健康扶贫政策:基于贫困居民生命质量评价》,《中国卫生政策研究》2018 年第 5 期。

阮荣平:《"谁来扶":精准扶贫中帮扶主体的选择——基于柳村结对帮扶随机试验的分析》,《公共管理学报》2021 年第 3 期。

申梦晗、李亚青:《医疗保险干预能否缓解三级医院的"虹吸效应"?——基于某大城市的实证研究》,《公共行政评论》2021 年第 2 期。

申曙光:《我们需要什么样的医疗保障体系?》,《社会保障评论》2021 年第 1 期。

帅昭文：《人力资本提升视角下扶贫工程成效评估体系的“光环效应”——以教育扶贫和健康扶贫为例》，《华南师范大学学报》（社会科学版）2019 年第 6 期。

斯晓夫、严雨姗、傅颖：《创业减贫前沿理论研究与未来方向》，《管理世界》2020 年第 11 期。

宋锦、李实、王德文：《中国城市低保制度的瞄准度分析》，《管理世界》2020 年第 6 期。

宋璐、李树茁：《子女迁移对农村老年家庭生计资本的影响——基于家庭结构的可持续生计分析》，《人口研究》2017 年第 3 期。

宋扬、赵君：《中国的贫困现状与特征：基于等值规模调整后的再分析》，《管理世界》2015 年第 10 期。

孙德超：《地区医疗卫生服务均等化评价指标体系的构建》，《中国行政管理》2013 年第 9 期。

孙久文、夏添：《中国扶贫战略与 2020 年后相对贫困线划定——基于理论、政策和数据的分析》，《中国农村经济》2019 年第 10 期。

孙玉栋、李浩任：《乡村振兴战略实施中财政引导市场机制参与的模式、问题及对策研究》，《公共管理与政策评论》2021 年第 4 期。

邰秀军、罗丞、李树茁、李聪：《外出务工对贫困脆弱性的影响：来自西部山区农户的证据》，《世界经济文汇》2009 年第 6 期。

谭雪兰、蒋凌霄、王振凯、安悦、陈敏、任辉：《地理学视角下的中国乡村贫困——源起、进展与展望》，《地理科学进展》2020 年第 6 期。

檀学文：《走向共同富裕的解决相对贫困思路研究》，《中国农村经济》2020 年第 6 期。

汪三贵、孙俊娜：《全面建成小康社会后中国的相对贫困标准、测量与瞄准——基于 2018 年中国住户调查数据的分析》，《中国农村经济》2021 年第 3 期。

汪三贵：《在发展中战胜贫困——对中国 30 年大规模减贫经验的总结与评价》，《管理世界》2008 年第 11 期。

王超群：《因病支出型贫困社会救助政策的减贫效果模拟——基于 CFPS 数据的分析》，《公共行政评论》2017 年第 3 期。

王春城：《贫困治理中的政策依赖行为及其矫正——基于激励理论的分析》，《政治学研究》2021 年第 2 期。

王弟海、龚六堂、李宏毅：《健康人力资本、健康投资和经济增长——以中国跨省数据为例》，《管理世界》2008 年第 3 期。

王弟海：《健康人力资本、经济增长和贫困陷阱》，《经济研究》2012 年第 6 期。

王海漪、杜婷：《风险理论视角下健康贫困治理模式与路径探索——基于山西省“三区”项目的案例分析》，《中国卫生政策研究》2021 年第 1 期。

王恒、秦国庆、王博、朱玉春：《社会资本、金融借贷与农户多维贫困——基于秦巴山区 3 省的微观调查数据》，《中国人口·资源与环境》2019 年第 11 期。

王君涵、李文、冷淦潇、仇焕广：《易地扶贫搬迁对贫困户生计资本和生计策略的影响——基于 8 省 16 县的 3 期微观数据分析》，《中国人口·资源与环境》2020 年第 10 期。

王俊、王雪瑶：《中国整合型医疗卫生服务体系研究：政策演变与理论机制》，《公共管理学报》2021 年第 3 期。

王俊华：《基于差异的正义，我国全民基本医疗保险制度理论与思路研究》，《政治学研究》2012 年第 5 期。

王黔京：《统筹城乡居民大病保险制度效应研究》，《公共管理学报》2019 年第 4 期。

王绍光、樊鹏：《政策研究群体与政策制定——以新医改为例》，《政治学研究》2011 年第 2 期。

王胜、屈阳、王琳、余娜、何佳晓：《集中连片贫困山区电商扶贫的探索及启示——以重庆秦巴山区、武陵山区国家级贫困区县为例》，《管理世界》2021 年第 2 期。

王思琦：《公共管理与政策研究中的实地实验：因果推断与影响评估的视角》，《公共行政评论》2018 年第 1 期。

王太明：《中国共产党减贫的实践历程、基本经验及未来转向》，《经济学家》2021 年第 7 期。

王文略、朱永甜、黄志刚、余劲：《风险与机会对生态脆弱区农户多维贫困的影响——基于形成型指标的结构方程模型》，《中国农村观察》2019 年第 3 期。

王小林、冯贺霞：《2020 年后中国多维相对贫困标准：国际经验与政策取向》，《中国农村经济》2020 年第 3 期。

王晓玲：《中国医疗市场政府管制的历史演进及制度反思》，《中国经济史研究》2012 年第 3 期。

王延中、龙玉其、江翠萍、徐强：《中国社会保障收入再分配效应研究——以社会保险为例》，《经济研究》2016 年第 2 期。

王延中、龙玉其、宁亚芳：《“十四五”时期中国社会保障建设的目标任务与政策建议》，《社会保障评论》2020 年第 3 期。

王延中、王俊霞、单大圣、龙玉其、宁亚芳、王宇和：《改革开放 40 年与社会保障中国模式》，《学术界》2018 年第 8 期。

王阳、温忠麟、付媛姝：《等效性检验——结构方程模型评价和测量不变性分析的新视角》，《心理科学进展》2020 年第 11 期。

王一：《可持续生计视角下“参与式”反贫困路径探索》，《社会保障评论》2020 年第 1 期。

王怡欢、张楚：《农村贫困家庭灾难性卫生支出风险及影响因素研究——基于 2018 年 CHARLS 数据》，《中国卫生政策研究》2021 年第 1 期。

王翌秋、刘蕾：《新型农村合作医疗保险、健康人力资本对农村居民劳动参与的影响》，《中国农村经济》2016 年第 11 期。

王增文：《中国社会保障治理结构变化、理念转型及理论概化——范式嵌入与法治保障》，《政治学研究》2015 年第 5 期。

王志刚、于滨铜、孙诗涵、和田恬、郑适：《资源依赖、联盟结构与产业扶贫绩效——来自深度贫困地区农产品供应链的案例证据》，《公共管理学报》2021 年第 1 期。

温忠麟、叶宝娟：《有调节的中介模型检验方法，竞争还是替补?》，《心理学报》2014 年第 5 期。

温忠麟、叶宝娟：《中介效应分析：方法和模型发展》，《心理科学进展》2014 年第 5 期。

温忠麟：《实证研究中的因果推理与分析》，《心理科学》2017 年第 1 期。

吴建南、刘遥：《公众如何感知公立医院和私立医院的绩效差异？——基于一项调查实验的比较研究》，《公共行政评论》2020 年第 6 期。

伍凤兰、申勇：《公立医院改革——历史演进、制度困境与路径选择》，《中国卫生政策研究》2016 年第 1 期。

席恒、余澍、李东方：《光荣与梦想：中国共产党社会保障 100 年回顾》，《管理世界》2021 年第 4 期。

谢伏瞻：《全面建成小康社会的理论与实践》，《中国社会科学》2020 年第 12 期。

谢家智、姚领：《社会资本变迁与农户贫困脆弱性——基于“乡土中国”向“城乡中国”转型的视角》，《人口与经济》2021 年第 4 期。

谢宇、胡婧炜、张春泥：《中国家庭追踪调查：理念与实践》，《社会》2014 年第 2 期。

谢远涛、杨娟：《医疗保险全覆盖对抑制因病致贫返贫的政策效应》，《北京师范大学学报》（社会科学版）2018 年第 4 期。

谢岳：《中国贫困治理的政治逻辑——兼论对西方福利国家理论的超越》，《中国社会科学》2020 年第 10 期。

邢成举、李小云、史凯：《巩固拓展脱贫攻坚成果：目标导向、重点内容与实现路径》，《西北农林科技大学学报》（社会科学版）2021 年第 5 期。

邢梓琳、李志明：《后小康时代中国贫困问题转变及反贫困战略转型》，《中共中央党校（国家行政学院）学报》2021 年第 4 期。

熊景维、于丹丹、季俊含：《农村社会保障减贫的局部失灵：一个政策过程分析的视角》，《中国行政管理》2021 年第 6 期。

徐月宾、刘凤芹、张秀兰：《中国农村反贫困政策的反思——从社会救助向社会保护转变》，《中国社会科学》2007 年第 3 期。

许源源、徐圳：《公共服务供给、生计资本转换与相对贫困的形成——基于 CGSS2015 数据的实证分析》，《公共管理学报》2020 年第 4 期。

燕继荣：《反贫困与国家治理——中国“脱贫攻坚”的创新意义》，《管理世界》2020 年第 4 期。

阳义南、肖建华：《“以医促养”还是“以养促养”，医疗保险与养老金的健康绩效比较》，《保险研究》2019 年第 6 期。

阳义南：《民生公共服务的国民“获得感”，测量与解析——基于 MIMIC 模型的经验证据》，《公共行政评论》2018 年第 5 期。

杨晶、邓大松、申云：《人力资本、社会保障与中国居民收入不平等——基于个体相对剥夺视角》，《保险研究》2019 年第 6 期。

杨菊华：《后小康社会的贫困：领域、属性与未来展望》，《中共中央党校（国家行政学院）学报》2020 年第 1 期。

杨灿明：《中国战胜农村贫困的百年实践探索与理论创新》，《管理世界》2021 年第 11 期。

姚力：《从卫生与健康事业发展看新中国 70 年的成就与经验》，《毛泽东邓小平理论研究》2019 年第 11 期。

叶慧、刘玢彤：《不同收入等级农村居民基本医疗保险受益公平性研究——基于湖北省少数民族贫困县的调查》，《社会保障研究》2020 年第 1 期。

叶敬忠、贺聪志：《基于小农户生产的扶贫实践与理论探索——以“巢状市场小农扶贫试验”为例》，《中国社会科学》2019 年第 2 期。

易法敏、孙煜程、蔡轶：《政府促进农村电商发展的政策效应评估——来自“电子商务进农村综合示范”的经验研究》《南开经济研究》2021 年第 3 期。

于大川、李培祥、杨永贵：《农村医疗保险制度的增收与减贫效应评估——基于 CHNS（2015）数据的实证分析》，《农业经济与管理》2019 年第 5 期。

俞福丽、蒋乃华：《健康对农民种植业收入的影响研究——基于中国健康与营养调查数据的实证研究》，《农业经济问题》2015 年第 4 期。

苑会娜：《进城农民工的健康与收入——来自北京市农民工调查的证据》，《管理世界》2005 年第 5 期。

臧文斌、陈晨、赵绍阳：《社会医疗保险、疾病异质性和医疗费用》，《经济研究》2020 年第 12 期。

臧文斌、刘国恩、徐菲、熊先军：《中国城镇居民基本医疗保险对家庭消费的影响》，《经济研究》2012 年第 7 期。

张栋浩、蒋佳融：《普惠保险如何作用于农村反贫困长效机制建设？——基于贫困脆弱性的研究》，《保险研究》2021 年第 4 期。

张明皓：《2020 年后中国贫困治理的价值导向、机制转型与路径创新》，《中国行政管理》2020 年第 11 期。

张楠、寇璇、刘蓉：《财政工具的农村减贫效应与效率——基于三条相对贫困线的分析》，《中国农村经济》2021 年第 1 期。

张鑫、赵苑达：《社会医疗保险减贫效应的异质性检验——基于 2010—2017 年 31 个省份面板数据的经验考察》，《南开学报》（哲学社会科学版）2020 年第 2 期。

章文光、宫钰、吴义熔：《基于致贫原因的帮扶措施精准性评估分析》，《公共管理与政策评论》2021 年第 4 期。

赵绍阳、臧文斌、尹庆双：《医疗保障水平的福利效果》，《经济研究》2015 年第 5 期。

赵雪雁、刘江华、王伟军、兰海霞、马平易、杜昱璇：《贫困山区脱贫农户的生计可持续性及生计干预——以陇南山区为例》，《地理科学进展》2020 年第 6 期。

郑功成、桂琰：《中国特色医疗保障制度改革与高质量发展》，《学术研究》2020 年第 4 期。

郑晓冬、上官霜月、陈典、方向明：《有条件现金转移支付与农村长期减贫：国际经验与中国实践》，《中国农村经济》2020 年第 9 期。

周坚、周志凯、何敏：《基本医疗保险减轻了农村老年人口贫困吗——从新农合到城乡居民医保》，《社会保障研究》2019 年第 3 期。

周绍杰、杨骅骝、张君忆：《中国 2020 年后扶贫新战略——扶贫成就、主要目标、总体思路与政策建议》，《中国行政管理》2019 年第 11 期。

周亚虹、许玲丽、夏正青：《从农村职业教育看人力资本对农村家庭的贡献——基于苏北农村家庭微观数据的实证分析》，《经济研究》2010 年第 8 期。

周晔馨：《社会资本是穷人的资本吗？——基于中国农户收入的经验证据》，《管理世界》2012 年第 7 期。

朱春奎、廖福崇：《基础设施、生计资本与农村减贫——基于中国家庭追踪调查的经验研究》，《中国公共政策评论》2020 年第 1 期。

朱春奎、廖福崇：《基本医疗保险对我国居民家庭收入的影响》，《医学与社会》2023 年第 10 期。

朱春奎：《公共管理研究需要强化因果推理与实地实验》，《公共行政评论》2018 年第 1 期。

朱梦冰、李实：《精准扶贫重在精准识别贫困人口——农村低保政策的瞄准效果分析》，《中国社会科学》2017 年第 9 期。

Alkire, Sabina, and Yingfeng Fang. "Dynamics of multidimensional poverty and uni – dimensional income poverty: An evidence of stability analysis from China," *Social Indicators Research*, Vol. 142, No. 1, 2019.

Alkire, Sabina, and Maria Emma Santos. "Measuring acute poverty in the developing world: Robustness and scope of the multidimensional poverty index," *World Development*, No. 59, 2014.

Anderson, D. M., Edwards, B. C. "Unfulfilled promise: Laboratory experiments in public management research," *Public Management Review*, Vol. 17, No. 10, 2015.

Asadullah, M. Niaz, and Antonio Savoia. "Poverty reduction during 1990 – 2013: Did millennium development goals adoption and state capacity matter?", No. 105, 2018.

Atela, Joanes O., et al., "Implementing REDD + at the local level: Assessing the key enablers for credible mitigation and sustainable livelihood outcomes," *Journal of environmental management*, No. 157, 2015.

Babiarz, Kimberly S., et al., "China' s new cooperative medical scheme improved finances of township health centers but not the number of patients served," *Health Affairs*, Vol. 31, No. 5, 2012.

Basu, Kaushik. "Group identity, productivity and well – being policy implications for promoting development," *Journal of Human Development and Capabilities*, Vol. 14, No. 3, 2013.

Bebbington, Anthony. "Capitals and capabilities: a framework for analyzing peasant viability, rural livelihoods and poverty," *World development*, Vol. 27, No. 12, 1999.

Abul, Bashar Bhuiyan, et al., "Microfinance and sustainable livelihood: a conceptual linkage of microfinancing approaches towards sustainable livelihood," *American Journal of Environmental Sciences*, Vol. 8, No. 3, 2012.

Brown, Philip H., Alan De Brauw, and Yang Du. "Understanding variation in the design of China's new co - operative medical system," *The China Quarterly*, No. 198, 2009.

Cao, Mengtian, et al. , "The influence factors analysis of households' poverty vulnerability in southwest ethnic areas of China based on the hierarchical linear model: A case study of Liangshan Yi autonomous prefecture," *Applied Geography*, No. 16, 2006.

Chen, Haiyun, et al. , "Livelihood sustainability and community based co - management of forest resources in China: Changes and improvement," *Environmental management*, No. 49, 2012.

Chen, Linhong, Xiaolu Zhang, and Xiaocang Xu. "Health insurance and long - term care services for the disabled elderly in China: based on CHARLS data," *Risk management and healthcare policy*, No. 13, 2020.

Chen, Rao, Ning - xiu Li, and Xiang Liu. "Study on the equity of medical services utilization for elderly enrolled in different basic social medical insurance systems in an underdeveloped city of Southwest China," *International journal for equity in health*, No. 17, 2018.

Chen, Sixia, et al. , "Escaping from poverty trap: a choice between government transfer payments and public services," *Global health research and policy*, Vol. 2, No. 1, 2017.

Chen, Yi, Julie Shi, and Castiel Chen Zhuang. "Income - dependent impacts of health insurance on medical expenditures: theory and evidence from China," *China Economic Review*, No. 53, 2019.

Chen, Zhu. "Launch of the health - care reform plan in China," *The Lancet*, Vol. 373, No. 9672, 2009.

Cheng, Lingguo, et al. , "The impact of health insurance on health outcomes and spending of the elderly: evidence from China's new cooperative medical scheme," *Health economics*, Vol. 24, No. 6, 2015.

Cohen, Alasdair. "The multidimensional poverty assessment tool: a new framework for measuring rural poverty," *Development in Practice*, Vol. 20, No. 7, 2010.

Datt, Gaurav. "Distribution – sensitive multidimensional poverty measures," *The World Bank Economic Review*, Vol. 33, No. 3, 2019.

Deng, Qingqing, Erling Li, and Pengyan Zhang. "Livelihood sustainability and dynamic mechanisms of rural households out of poverty: An empirical analysis of Hua County, Henan Province, China," *Habitat International*, No. 99, 2020.

Department for InternationalDevelopment, "Sustainable livelihoods guidance sheets," London, UK: Department for International Development, 1999, p. 26.

Dong, Yin, et al., "Multidimensional measurement of poverty and itsspatio – temporal dynamics in China from the perspective of development geography," *Journal of Geographical Sciences*, Vol. 31, No. 1, 2021.

Donohue, Caroline, and Eloise Biggs. "Monitoring socio – environmental change for sustainable development: Developing a Multidimensional Livelihoods Index (MLI)," *Applied geography*, No. 62, 2015.

Dou, Guanshen, Qun Wang, and Xiaohua Ying. "Reducing the medical economic burden of health insurance in China: achievements and challenges," *Bioscience trends*, Vol. 12, No. 3, 2018.

Eggleston, Karen, et al., "Health service delivery in China: a literature review," *Health economics*, Vol. 17, No. 2, 2008.

Fan, Jie, et al., "Energy policies for sustainable livelihoods and sustainable development of poor areas in China," *Energy policy*, Vol. 39, No. 3, 2011.

Fang, Yi – ping, et al., "Sensitivity of livelihood strategy to livelihood capital in mountain areas: Empirical analysis based on different settlements in the upper reaches of the Minjiang River, China," *Ecological indicators*, No. 38, 2014.

Fang, Yi - ping, et al., "Effects of natural disasters on livelihood resilience of rural residents in Sichuan," *Habitat international*, No. 76, 2018.

Ferraro, Paul J., et al. "Estimating the impacts of conservation on ecosystem services and poverty by integrating modeling and evaluation," *Proceedings of the National Academy of Sciences*, Vol. 112, No. 24, 2015.

Finkelstein, Amy. "The aggregate effects of health insurance: Evidence from the introduction of Medicare," *The Quarterly Journal of Economics*, Vol. 122, No. 11, 2007.

Fu, Hongqiao, et al., "An evaluation of systemic reforms of public hospitals: the Sanming model in China," *Health Policy and Planning*, Vol. 32, No. 8, 2017.

Griggs, David, et al., "Sustainable development goals for people and planet," *Nature*, Vol. 495, No. 7441, 2013.

Grogger, Jeffrey, et al., "Heterogeneity in the effect of public health insurance on catastrophic out - of - pocket health expenditures: the case of Mexico," *Health policy and planning*, Vol. 30, No. 5, 2015.

Guerry, Anne D., et al., "Natural capital and ecosystem services informing decisions: From promise to practice," *Proceedings of the National academy of Sciences*, Vol. 112, No. 24, 2015.

Guo, Na, et al., "Does the new cooperative medical scheme reduce inequality in catastrophic health expenditure in rural China?," *BMC health services research*, No. 16, 2016.

Gustafsson, Björn, and Li Shi, "Expenditures on education and health care and poverty in rural China," *China Economic Review*, Vol. 15, No. 3, 2004.

Jensen, Leif, et al., "Rural population health and aging: toward a multilevel and multidimensional research agenda for the 2020s," *Ameri-*

can Journal of Public Health, Vol. 110, No. 9, 2020.

Jiao, Xi, Marieve Pouliot, and Solomon Zena Walelign, "Livelihood strategies and dynamics in rural Cambodia," *World Development*, No. 97, 2017.

Kinzig, Ann P., et al., "Paying for ecosystem services—promise and peril," *Science*, Vol. 334, No. 6065, 2011.

Kluge, Hans, et al., "How primary health care can make universal health coverage a reality, ensure healthy lives, and promote wellbeing for all," *The Lancet*, Vol. 392, No. 10156, 2018.

Kuang, Foyuan, et al., "Farmers´ livelihood risks, livelihood assets and adaptation strategies in Rugao City, China," *Journal of environmental management*, No. 262, 2020.

Levin, Simon, et al., "Social – ecological systems as complex adaptive systems: modeling and policy implications," *Environment and Development Economics*, Vol. 18, No. 2, 2013.

Li, Chen, Mark Wang, and Yanan Song. "Vulnerability and livelihood restoration of landless households after land acquisition: Evidence from peri – urban China," *Habitat International*, No. 79, 2018.

Li, Linyang. "Financial inclusion and poverty: The role of relative income," *China Economic Review*, No. 52, 2018.

Li, Xi, et al., "The primary health – care system in China," *The Lancet*, Vol. 390, No. 10112, 2017.

Li, X., Zhang, W. "The impacts of health insurance on health care utilization among the older people in China," *Social Science & Medicine*, No. 85, 2013.

Li, Y., Lu, C., Liu, Y. "Medical insurance information systems in China: Mixed methods study," *JMIR medical informatics*, Vol. 8, No. 9, 2020.

Liu, H., Zhu, H., Wang, J., et al., "Catastrophic health expenditure incidence and its equity in China: A study on the initial implementation of the medical insurance integration system", *BMC Public Health*, Vol. 19, No. 1, 2019.

Liu, J., Dietz, T., Carpenter, S. R., et al., "Complexity of coupled human and natural systems," *Science*, Vol. 317, No. 5844, 2017.

Liu, J., Hull, V., Batistella, M., et al., "Framing sustainability in a telecoupled world," *Ecology and Society*, Vol. 18, No. 2, 2017.

Liu, J., Li, S., Ouyang, Z., et al., "Ecological and socioeconomic effects of China' s policies for ecosystem services," *Proceedings of the National Academy of Sciences*, Vol. 105, No. 28, 2008.

Liu, J., Liu, K., Huang, Y., "Transferring from the poor to the rich: Examining regressive redistribution in Chinese social insurance programmes," *International Journal of Social Welfare*, Vol. 25, No. 2, 2016.

Liu, J., Mooney, H., Hull, V., et al., "Sustainability. systems integration for global sustainability," *Science*, Vol. 347, No. 6225, 2015.

Liu, W., Li, J., Ren, L., et al., "Exploring livelihood resilience and its impact on livelihood strategy in rural China," *Social Indicators Research*, Vol. 150, No. 3, 2020.

Liu, X., Liu, X., Luo, X., et al., "Impact of different policy instruments on diffusing energy consumption monitoring technology in public buildings: Evidence from Xi'an, China," *Journal of Cleaner Production*, No. 251, 2020.

Liu, X., Sun, X., Zhao, Y., et al., "Financial protection of rural health insurance for patients with hypertension and diabetes: Repeated cross – sectional surveys in rural China," *BMC Health Services Research*, Vol. 16, No. 1, 2021.

Liu, X., Wong, H., Liu, K., "Outcome – based health equity across different social health insurance schemes for the elderly in China," *BMC Health Services Research*, Vol. 16, No. 1, 2015.

Liu, Y., Liu, J., Zhou, Y., "Spatio – temporal patterns of rural poverty in China and targeted poverty alleviation strategies," *Journal of Rural Studies*, No. 52, 2017.

Liu, Y., Xu, Y., "A geographic identification of multidimensional poverty in rural China under the framework of sustainable livelihoods analysis," *Applied Geography*, No. 73, 2016.

Lo, K., Xue, L., Wang, M., "Spatial restructuring through poverty alleviation resettlement in rural China," *Journal of Rural Studies*, No. 47, 2016.

Love – Koh, J., Griffin, S., Kataika, E., et al., "Methods to promote equity in health resource allocation in low – and middle – income countries: An overview," *Globalization and health*, Vol. 16, No. 1, 2020.

Lu, Y., Routray, J. K., Ahmad, M. M., "Multidimensional poverty analysis at the local level in northwest Yunnan Province, China: Some insights and implications," *Journal of Poverty*, Vol. 23, No. 4, 2019.

Ma, M., Li, Y., Wang, N., et al., "Does the medical insurance system really achieved the effect of poverty alleviation for the middle – aged and elderly people in China? Characteristics of vulnerable groups and failure links," *BMC Public Health*, Vol. 20, No. 1, 2020.

Mäler, K. G., Aniyar, S., Jansson, Å., "Accounting for ecosystem services as a way to understand the requirements for sustainable development," *Proceedings of the National Academy of Sciences*, Vol. 105, No. 28, 2008.

Martin, S. M., Lorenzen, K. A. I., "Livelihood diversification in rural Laos," *World Development*, No. 83, 2016

Meng, Q., Fang, H., Liu, X., et al., "Consolidating the social health insurance schemes in China: Towards an equitable and efficient health system," *The Lancet*, Vol. 386, No. 10002, 2015.

Meng, Q., Mills, A., Wang, L., et al., "What can we learn from China' s health system reform?," *BMJ*, No. 365, 2019.

Pan, J., Tian, S., Zhou, Q., et al., "Benefit distribution of social health insurance: Evidence from China' s urban resident basic medical insurance," *Health Policy and Planning*, Vol. 31, No. 7, 2016.

Pan, X. F., Xu, J., Meng, Q., "Integrating social health insurance systems in China," *The Lancet*, Vol. 387, No. 10025, 2016.

Peng, B., Ling, L., "Association between rural – to – urban migrants' social medical insurance, social integration and their medical return in China: A nationally representative cross – sectional data analysis," *BMC Public Health*, Vol. 19, No. 1, 2019.

Peng, L., Xu, D, Wang, X., "Vulnerability of rural household livelihood to climate variability and adaptive strategies in landslide – threatened western mountainous regions of the Three Gorges Reservoir Area, China," *Climate and Development*, Vol. 11, No. 6, 2019.

Qian, J., "Reallocating authority in the Chinese health system: An institutional perspective," *Journal of Asian Public Policy*, Vol. 8, No. 1, 2015.

Quandt, A., Neufeldt, H., McCabe, J. T., "The role of agroforestry in building livelihood resilience to floods and drought in semiarid Kenya," *Ecology and Society*, Vol. 22, No. 3, 2015.

Quandt, A., "Measuring livelihood resilience: The household livelihood resilience approach (HLRA)," *World Development*, No. 107, 2017.

Reid, R. S., Nkedianye, D., Said, M. Y., et al., "Evolution of models to support community and policy action with science: Balancing pastoral livelihoods and wildlife conservation in savannas of East Africa," *Proceedings of the National Academy of Sciences*, Vol. 113,

No. 17, 2016.

Rogers, S., Li, J., Lo, K., et al., "Moving millions to eliminate poverty: China's rapidly evolving practice of poverty resettlement," *Development Policy Review*, Vol. 38, No. 5, 2020.

Rubin, D. B., "Causal inference using potential outcomes: Design, modeling, decisions," *Journal of the American Statistical Association*, Vol. 100, No. 469, 2005.

Schaefer, M., Goldman, E, Bartuska, A. M., et al., "Nature as capital: Advancing and incorporating ecosystem services in United States federal policies and programs," *Proceedings of the National Academy of Sciences*, Vol. 112, No. 24, 2015.

Schultz, L., Folke, C., Österblom, H., et al., "Adaptive governance, ecosystem management, and natural capital," *Proceedings of the National Academy of Sciences*, Vol. 112, No. 24, 2015.

Scoones, I., "Sustainable rural livelihoods: a framework for analysis," *Institute of Development Studies*, No. 1, 1998.

Sen, A., "Poor, relatively speaking," *Oxford Economic Papers*, Vol. 35, No. 2, 1983.

Shams, K., "Developments in the measurement of subjective well-being and poverty: An economic perspective," *Journal of Happiness Studies*, Vol. 17, No. 6, 2016.

Sina, D., Chang-Richards, A. Y., Wilkinson, S., et al., "A conceptual framework for measuring livelihood resilience: Relocation experience from Aceh, Indonesia," *World Development*, No. 17, 2019.

Speranza, C. I., Wiesmann, U., Rist, S., "An indicator framework for assessing livelihood resilience in the context of social-ecological dynamics," *Global Environmental Change*, No. 28, 2014.

Steffen, W., Richardson, K., Rockström, J., et al., "Planetary boundaries: Guiding human development on a changing planet. *Science*,"

No. 347, 2015.

Sun, J., Lyu, S., "The effect of medical insurance on catastrophic health expenditure: Evidence from China," *Cost Effectiveness and Resource Allocation*, Vol. 18, No. 1, 2020.

Sun, X., Jackson, S., Carmichael, G., et al., "Catastrophic medical payment and financial protection in rural China: Evidence from the New Cooperative Medical Scheme in Shandong Province," *Health Economics*, Vol. 18, No. 1, 2009.

Ta, Y., Zhu, Y., Fu, H., "Trends in access to health services, financial protection and satisfaction between 2010 and 2016: Has China achieved the goals of its health system reform?," *Social Science & Medicine*, No. 245, 2020.

Tang, S., Meng, Q., Chen, L., et al., "Tackling the challenges to health equity in China," *The Lancet*, Vol. 372, No. 9648, 2008.

Tanner, T., Lewis, D., Wrathall, D., et al., "Livelihood resilience in the face of climate change," *Nature Climate Change*, Vol. 5, No. 1, 2015.

Tao, W., Zeng, Z., Dang, H., et al., "Towards universal health coverage: Lessons from 10 years of health care reform in China," *BMJ Global Health*, Vol. 5, No. 3, 2020.

Thomassen, J. P., Leliveld, M. C., Van de Walle, S., et al., "Compensating citizens for poor service delivery: Experimental research in public and private settings," *Public Administration*, Vol. 95, No. 4, 2017.

Thulstrup, A. W., "Livelihood resilience and adaptive capacity: Tracing changes in household access to capital in Central Vietnam," *World Development*, No. 74, 2015.

Wagstaff, A., Lindelow, M., Jun, G., et al., "Extending health insurance to the rural population: An impact evaluation of China's new cooperative medical scheme," *Journal of Health Economics*, Vol. 28, No. 1, 2009.

Wagstaff, A., Yip, W., Lindelow, M., et al., "China' s health system and its reform: A review of recent studies," *Health Economics*, Vol. 18, No. 2, 2009.

Wagstaff, A., "Measuring catastrophic medical expenditures: Reflections on three issues," *Health Economics*, Vol. 28, No. 6, 2019.

Wang, H., Yip, W., Zhang, L., et al., "The impact of rural mutual health care on health status: Evaluation of a social experiment in rural China," *Health Economics*, Vol. 18, No. 2, 2009.

Wang, Y., Chen, Y., Chi, Y., et al., "Village - level multidimensional poverty measurement in China: Where and how," *Journal of Geographical Sciences*, Vol. 28, No. 10, 2018.

Winship, C., Morgan, S. L., "The estimation of causal effects from observational data," *Annual Review of Sociology*, Vol. 25, No. 1, 1999.

Yi, H., Zhang, L., Singer, K., et al., "Health insurance and catastrophic illness: A report on the New Cooperative Medical System in rural China," *Health Economics*, Vol. 18, No. 2, 2009.

Yip, W., Hsiao, W. C., "The Chinese health system at a crossroads," *Health Affairs*, Vol. 27, No. 2, 2008.

Yip, W., Fu, H., Chen, A. T., et al., "10 years of health - care reform in China: Progress and gaps in universal health coverage," *The Lancet*, Vol. 394, No. 10204, 2007.

You, X., Kobayashi, Y., "The new cooperative medical scheme in China," *Health policy*, Vol. 91, No. 1, 2009.

Yu, B., Meng, Q., Collins, C., et al., "How does the New Cooperative Medical Scheme influence health service utilization? A study in two provinces in rural China," *BMC Health Services Research*, Vol. 10,

No. 1, 2010.

Yu, J., "Multidimensional poverty in China: Findings based on the CHNS," *Social Indicators Research*, Vol. 112, No. 2, 2013.

Zhang, L., Li, S., Yi, H., et al., "Correlation between new co-operative medical scheme policy design and catastrophic medical payment: Evidence from 25 counties in rural China," *Asia Pacific Journal of Public Health*, Vol. 28, No. 1, 2016.

Zhang, Z., Ma, C., Wang, A., "A longitudinal study of multidimensional poverty in rural China from 2010 to 2018," *Economics Letters*, No. 204, 2021.

Zhang, Z., Wang, A., Li, H., "What matters for the overall reduction of multidimensional poverty? Evidence from rural China," *Applied Economics Letters*, Vol. 27, No. 20, 2020.

Zheng, H., Robinson, B. E., Liang, Y. C., et al., "Benefits, costs, and livelihood implications of a regional payment for ecosystem service program," *Proceedings of the National Academy of Sciences*, Vol. 110, No. 41, 2013.

索　引

后　记

本书是 2023 年度教育部人文社会科学研究青年基金的成果（项目编号：23YJC630105）。

本书是 2023 年湖南省教育厅科学研究优秀青年项目的成果（项目编号：23B0016）。

本书是国家社会科学基金重大项目《中国基本公共服务供给侧改革与获得感提升研究》（项目编号：16ZDA018）的阶段性成果。本书的写作和出版得到了导师朱春奎教授的悉心指导和大力支持。

本书的出版得到了中南大学公共管理学一流学科创新能力提升经费的资助。感谢中南大学公共管理学院，感谢杨旭东书记、刘迪书记、许源源院长、耿贵斌副书记、李晓飞副院长、姜国俊副院长、潘泽泉副院长、董海军副院长、彭忠益教授、张桂蓉教授、胡春艳教授、赵书松教授、刘媛副教授等领导和师长对本书出版的支持。

感谢全国教育系统社会稳定风险研究评估中心、湖南省教育系统重大事项社会稳定评估中心、湖南省“十四五”教育科学研究基地教育舆情与风险防控研究基地、中南大学乡村振兴研究中心、中南大学地方治理研究院等机构提供的学术支持。

感谢论文指导小组和博士学位答辩委员会成员：复旦大学竺乾威教授、上海交通大学吴建南教授、华东师范大学孟溦教授、同济大学陈强教授、复旦大学张平副教授和复旦大学赵剑治副教授。

感谢中国社会科学出版社，感谢责编党旺旺老师对本书的编辑。

感谢 Korea Foundation Chinese - Scholar Field Research Fellowship (KF Ref. 1023000 - 002250)。